Taulers Weg nach innen

Taulers
Weg nach innen

Blütenlese aus den Predigten
des Johannes Tauler (1300 – 1361)

zusammengestellt und eingeleitet von Peter Huijs

DRP Rosenkreuz Verlag, Birnbach

Aus dem Niederländischen
übersetzt von Käthe Warncke

Titelgestaltung: „Licht im Gebirge", 2004
von Tina Juretzek

© 2009 DRP Rosenkreuz Verlag,
Birnbach

Gestaltung, Satz und Repro:
VAW Schiemann, Strinz Margarethä

ISBN 978-3-938540-18-3

INHALT

Vorwort

Der mittelalterliche Johannes Tauler ist ein widerborstiger Himmelsstürmer, ein etwas störrischer Freund. Er nimmt niemanden für sich ein, er schmeichelt nicht. Es ist nicht einfach, sich ihm zu nähern. Lange fragt man sich, ob es überhaupt der Mühe wert ist. Er hat seine Eigenarten. Er ist unabhängig. Und nur Unabhängige fühlen sich von ihm angezogen. Er war und ist, damals wie heute, kontrovers.

Für die Katholiken war er bis tief ins zwanzigste Jahrhundert viel zu unabhängig. Wer wagte schon zu sagen, dass die Seele göttlich ist? Und auch ein Satz wie: „Über die wirklich Befreiten hat sogar der Papst keine Macht." wurde ihm nicht gedankt.

Für die Protestanten (die ihn als einen Vorläufer Luthers betrachteten), war er zu katholisch. Sie erkannten nicht, dass er die Dinge nicht einfach annahm, sondern alles zu Symbolen verwandelte. Tauler sah bei allem den Hintergrund, und er soll zu ihnen gesagt haben: „Das Nicht-Sein hat wahren Frieden an jedem Ort, mit jedem Menschen und mit allen Umständen."

Für die Mystiker war er viel zu hart und zu direkt. Für sie ging er nicht genug im „ungewordenen Urgrund" auf.

Für die Esoteriker entwickelte er zu wenig Theorien über den Weg, die Welt der Engel und über das, was darüber ist.

Und für uns? Sieben Jahrhunderte nach seinem Auftreten in Straßburg und Köln hat sich das Aussehen der Welt mehrmals total verändert. Nichts ist mehr so, wie es damals war. Dennoch bleibt der Weg nach innen ewig derselbe. Wer wirklich diesen Weg nach innen betreten und im Seelengrund versinken will, für den ist praktischer Rat unentbehrlich. Dann zeigt sich, wie gesund die Einsichten dieses scharfsinnigen Erforschers des natürlichen Menschen und der göttlichen Natur sind. Er lehrt uns, ihn als treuen Freund zu würdigen, der uns bei jedem Schritt hilft, so dass wir ihn nicht missen möchten.

Einleitung:
Tauler, der „Gottesfreund vom Oberland",
und die Europäische Bewusstseinsentwicklung

Taulers Lebenshintergrund

Tauler war – wir bedauern, es sagen zu müssen – bis zu seinem fünfzigsten Lebensjahr kein besonders interessanter Mann. Warf Luther schon einmal das Tintenfass dem vermeintlichen Teufel an den Kopf, geriet Taulers großes Vorbild, Meister Eckhart, zuweilen in Konflikt mit den kirchlichen Autoritäten und wurden dessen Predigten postum zum „Anathema" und als ketzerisch erklärt – Tauler war ein Mann, ein Mönch, der bis 1350 vorsichtig manövrierte. Er kannte sich selbst und versuchte, seine befreiende Lehre auszutragen. Es wird gesagt, dass er ziemlich reizbar war. Das Ärgste, das ihm nach seinem Tod vorgeworfen wurde, war, dass er „sechs Jahr lang für ernsthafte Sünden gebüßt hatte" und sich 1361, als sein Ende nahte, im Gartenhaus des Klosters von seiner Schwester pflegen ließ und nicht in seinem eigenen Kloster von seinen Mitbrüdern.

Dieser kleine Vorwurf kennzeichnet haarscharf die Zeit, in der er lebte. Äußerlichkeiten bedeuteten alles. Die äußere Macht des Adels beherrschte das Leben, nicht innerer Adel. Das materielle und mentale Auftreten der Kirche sowie der Staat bestimmten ebenfalls das Leben. Gelehrte, Theologen mit ihren Haarspaltereien – heute als Scholastiker bekannt – standen dem sich entfaltenden Seelenleben äußerst skeptisch gegenüber. Sie beobachteten es, setzten es herab und stempelten es schließlich ab als Abweichung vom wahren Glauben. Die Verfeinerung, die Kultur und das reine Seelen-Christentum der Albigenser, das sich zum ersten Mal in einer Landessprache ausdrückte, wurden im Norden Europas nicht verstanden und nicht geliebt. Mit dem Namen „Albigenser" sind hier einige Gruppen aus dem zwölften

Jahrhundert gemeint, nämlich die Arnoldisten, Henricianer, Katharer, Petrobusianer und Waldenser. Als die Allianz der Kirche mit den nordfranzösischen Königen in Okzitanien mit der jahrzehntelangen Ausrottung dieser Gruppen begann, kamen die Männer, welche diese schmutzige Arbeit erledigten, aus Nordeuropa. Frauen und Kinder zogen in ihrem Gefolge mit. Später, während der Zeit Taulers, wurde das zweite Kapitel dieses Programms ausgeführt: die völlige Vernichtung der weltweit verzweigten Organisation der Templer. Diese Vernichtungsaktion setzte ebenfalls mit einem widernatürlichen Bündnis ein und zwar dem zwischen Philip II., „der Schöne" genannt, und Papst Clemens V.

Tauler hatte also Gründe, behutsam zu sein, seine Zeit war nervenaufreibend genug.

Die Zeiten des vierzehnten Jahrhunderts waren bedrängt und konfliktreich. Die soziale Ordnung glich einem Pulverfass, das öfter explodierte. Es gab zwei vernichtende Pest-Epidemien, 1347 bis 1351 und 1360/61. Um 1356 plagten Erdbeben den verarmten Kontinent. Ein Konflikt folgte dem anderen. Es gab „Kriege und Gerüchte von (Bürger-) Kriegen", deren Kosten ganz Nordeuropa in große finanzielle Krisen stürzten.

Kirche, Adel und die sich entwickelnden Städte stritten miteinander um die Macht, und dabei ging es oft hart her. Der Adel besaß das Land, aber durch Vererbung geriet immer mehr Land unter die Verwaltung von Mönchsorden.

Die große Armut hatte viele Tausend Menschen von Haus und Herd vertrieben und dazu verdammt, unter großen Entbehrungen durch die Winterlandschaft Europas zu streifen. Sie waren nirgends willkommen, weder in Städten noch in Klöstern und Kirchen. Außerdem waren ihre Seelen und ihre Gemütsruhe durch die schrecklichsten Bannflüche der kirchlichen Macht stark belastet. Was für eine Zeit!

Die von der Kirche genehmigten Orden versprachen Schutz und Ansehen. Wer nach Studium und Kultur verlangte oder sich nach Verinnerlichung sehnte, trat in einen religiösen Orden ein.

Aber man konnte nicht ohne weiteres Mönch werden. Nur wer Begabung zum Lernen und eine Familie besaß, die das bezahlen konnte, durfte in eine Klostergemeinschaft eintreten. Dort war man auf vielen Gebieten sehr aktiv. Und völlig im Rahmen der dort herrschenden Ordnung setzte man sich ein: im Klostergarten, im Skriptorium oder auf den Ländereien und vergrößerte so das Ansehen und den materiellen Reichtum des Ordens.

Daher ist es nicht verwunderlich, dass diese Orden seit dem zehnten oder elften Jahrhundert zu den wichtigsten Kräften gehörten, denn sie waren ein nicht zu unterschätzender, ökonomischer und einflussreicher Faktor. Theologen, Juristen und Kirchenrechtler wurden in den Klosterschulen ausgebildet. Wer etwas lernen wollte wie Lesen und Schreiben, war auf Privatlehrer – oft Mönche – oder auf Schulung innerhalb eines Klosters angewiesen.

Unter diesen Mönchsorden fiel besonders der Dominikanerorden durch seine intellektuellen Bestrebungen auf. Im Jahrhundert vor Tauler lieferten die Dominikaner die meiste mentale Munition. Von Spanien und Südfrankreich aus heizten sie den Hass gegen die Albigenser an, um den Kreuzzug gegen sie vorzubereiten. Sie imitierten die Regeln der *Purs* und *Bonshommes* der Katharer, die sehr beliebt waren. Sie schärften ihr Denken und ihre Argumente, um die Bräuche und Aussprüche der Anhänger der „Kirche der Liebe" (wie die Katharer sich selbst nannten) spitzfindig zu bekämpfen. Auch noch im anbrechenden vierzehnten Jahrhundert verfolgten die Dominikaner die letzten Albigenser. In der ersten Hälfte dieses Jahrhunderts war ihr Einfluss genauso groß wie jener der Jesuiten zweihundertfünfzig Jahre später.

Das müssen wir auch im europäischen Zusammenhang sehen: Als die freie und reiche Infrastruktur vernichtet war, welche die „Kirche der Liebe" in Norditalien, in der Lombardei, in der Schweiz, in Nordspanien und den südfranzösischen Pyrenäen bis nach Bordeaux und Köln mehr als zwei Jahrhunderte lang beschirmt hatte, waren die letzten noch verbliebenen Mitglieder der Albigenser arme Flüchtlinge geworden, die nach Norden zogen und zur leichten Beute für die Inquisition wurden. Viele starben auf grausamste Weise durch die Hände ihrer Schinder oder – wenn sie ihnen entkommen konnten – in den Flammen der Scheiterhaufen, die erst jetzt in den Städten Nordeuropas in großer Zahl aufloderten.

Und doch war es – hauptsächlich durch die religiösen Orden – ein neuer Schritt in der Entwicklung des europäischen Bewusstseins, aus dem einfachen Grund, weil es nirgendwo sonst eine Gelegenheit dazu gab; hauptsächlich, jedoch nicht ausschließlich, wie wir später aufzeigen werden.

Die ersten Jahre

Vor diesem Hintergrund wurde um 1300 der Sohn von Nicolaus Tauler oder Taweler in Straßburg geboren, in einem Haus in oder nahe der Müllergasse. Über den jungen Johannes ist nicht viel bekannt. Man könnte sagen, dass er kein Studien-Typ war. Als Jüngling war er sehr erschrocken über den Eindruck, den die umherziehenden Mönche bei ihm hinterließen und wollte daher ihrem Vorbild lieber nicht folgen. In seiner 88. Predigt sagt er: „Vor einiger Zeit, als ich die heiligen Brüder sah, die sich streng an die Regeln hielten (Askese und Selbstkasteiung), wollte ich das auch gern; weil ich mich aber schwach fühlte, wollte der Herr es nicht." Und an anderer Stelle: „Glaubt nicht an eine Methode oder an Werke, sondern nur an seinen göttlichen Willen. Wenn ich das nicht befolgt hätte, wäre ich längst tot."

In seinem fünfzehnten Lebensjahr trat er als Novize in den Dominikanerorden ein, in jenen Orden, der – wie bereits gesagt – besonders von denen gefürchtet wurde, die ein eigenes, inneres Gott-Erleben suchten.

Lernen war in jenen Tagen eine Lebensaufgabe. Novize war man zwei Jahre lang.

Danach begann das „Vorstudium", das ungefähr acht Jahre dauerte. Dann beherrschte man bereits Latein, Griechisch und meistens auch Hebräisch. Das Vorstudium war eine zusätzliche Ausbildung! Die ersten drei Jahre waren der Logik gewidmet, die sich auf die Schriften des Aristoteles gründete. Dann folgten zwei Jahre Physik und danach ein Jahr Bibel-Unterricht, darauf zwei Jahre Dogmatik, in denen die Sentenzen des Petrus Lombardus (um 1100 – 1160) eine wichtige Rolle spielten. Dieses Buch behandelt theologische Probleme in Frage- und Antwortform. Es wurde nach vielen Schwierigkeiten 1215 auch kirchlich anerkannt und galt danach drei Jahrhunderte lang – zumindest bis zum Auftreten Martin Luthers – als bestes theologisches Handbuch.

1325 wurde Tauler in Köln zum Studium generale zugelassen, das ihn als Lektor qualifizierte. Dort erlebte er intensiv die Verwicklungen um Meister Eckhart mit, der vom Kölner Erzbischof Heinrich II. von Virneburg der Ketzerei angeklagt wurde. Ab 1306 wütete der Hass dieses Erzbischofs im Rheinland: Die letzten Katharer, aber auch Beginen und übrige Andersdenkende wurden auf seinen Befehl gejagt, gefangen und auf dem Scheiterhaufen in Köln und anderen Städten verbrannt. Eine andere Methode war, sie im Rhein zu ertränken.

Das sind eingreifende Ereignisse. Auch nach unseren Maßstäben war es eine rohe Zeit. Das alles kann einen jungen und reinen Geist wie den des Johannes Tauler nicht unberührt gelassen haben. Vor allem der Kontrast zwischen dem herrschenden Hass und der liebevollen, stillen Gesinnung Meister Eckharts wird ihm zu denken gegeben haben. Wie konnte man eine so sanftmütige Seele der Ketzerei, des Glaubensfanatismus oder des Hochmuts anklagen? War dieser Meister, der die menschliche Seele so tiefsinnig durchschaute, zum Hochmut fähig? Tauler zeugt in seiner 50. Predigt von dem „liebevollen Meister, der zu ihm und seinen Mitbrüdern über das Sein des Menschen in Gott sprach. Aber sie hatten ihn nicht gut verstanden, weil sie dachten, er redete über das ewige Sein des Menschen in Gott, das über die zeitliche Existenz hinausgeht".

Eckhart wurde des Pantheismus beschuldigt. Außerdem warf man ihm vor, dass er der Lehre der „Brüder und Schwestern des freien Geistes" anhänge. Er teilte dieses Los mit der aufkommenden Bewegung der „Beginengärten", in denen er wie Tauler oft Vorträge hielt. Die Mystikerin Margareta Porete, die das Buch *Der Spiegel der einfältigen Seelen* (Die siebenfache Einswerdung der Seele mit Gott durch Minne) geschrieben hatte, war ihm dabei vorangegangen. Sie wurde 1310 verbrannt. Auch die flämische Begine Beatrijs von Nazareth, die *Die Sieben Minnen* schrieb, wurde der Ketzerei verdächtigt.

Man warf Eckhart vor, den Schwerpunkt zu sehr auf die Vergöttlichung der Seele zu legen, die den Zustand der Vollkommenheit erreichen und so den Unterschied zwischen Gott und Mensch aufheben sollte. Es kam jedoch damals noch nicht zu einer Verurteilung. Aber schließlich musste sich Eckhart 1327 doch vor dem Papst verteidigen. Dessen Entscheidung für „Anathema" (Ketzerei) hat er jedoch nicht mehr gehört. Er starb auf dem Rückweg von Avignon (dort hatte der Papst seinen Sitz) auf rätselhafte Weise. Nach seinem Tod wurden seine Schriften mit dem Bann belegt.

Tauler überließ, wie Franziskus von Assisi, seine Erbschaft den Armen. Sein Vater, so wird angenommen, war Mitglied des Stadtrates in Straßburg und bekleidete ein Amt in der Stadtbehörde mit mehreren wichtigen Funktionen, zum Beispiel das Schifffahrtsamt. Später verteidigte sein Sohn seine freigebige Tat: „Hätte ich damals, als ich noch meines Vaters Sohn war" (als ich noch zu Hause bei meinen Eltern wohnte), „gewusst, was ich jetzt weiß, dann hätte ich von seinem Erbe gelebt und nicht von Almosen." Er vermisste gewiss nicht den Reichtum, so meinen wir, sondern er hätte sein Erbteil anwenden können, um seinen geistigen Zielen besser zu dienen.

Er war ein Dominikaner-Bruder des vierzehnten Jahrhunderts und ein Kind seiner Zeit. Er unterschrieb die Lehren der Kirche vollkommen, aber da er einen noblen und empfindsamen Geist besaß, konnte er deren oft mit Absicht verborgene Bedeutungen wunderbar durchschauen und deutlich erklären. In vielen Schriften zeugte Tauler von seiner Bewunderung für Maria, was völlig mit den Auffassungen jener Tage übereinstimmte, obwohl er auch absolut fähig war, deren symbolische Bedeutung für das menschliche Herz zu erkennen und auszudrücken. Es ist klar, er war ein guter Kirchenchrist, der jedoch viele Seelenregungen einer christlichen Zuhörerschaft zu deuten und auf eine höhere Ebene zu bringen wusste.

Taulers Weg zur Selbstständigkeit

Taulers Verdienst war, dass er als Nachfolger seines Lehrers, Meister Eckhart, jedoch stets im Rahmen der Kirche, versucht hat, den Menschen wieder unmittelbar mit dem „Boden der Seele" oder dem „Seelengrund", wie Eckhart es nannte, zu verbinden. Damit meinte er das innere Lichtprinzip des Menschen, das in seinem Herzen verankert ist. Seine Ansprachen waren sehr markant und aufrichtig. Die Worte und Bilder, die er benutzte, besaßen eine große Kraft. Diese Religion für einfache Menschen, die Luther so ansprach, diese Ehrlichkeit berührte auch die späteren Rosenkreuzer Johann Arndt und Johann Valentin Andreae stark im Herzen; denn es ist „eine Religion des Herzens". Tauler brachte sie den Menschen, die deutsch sprachen und nicht lateinisch. „Gott ist ein Gott des Jetzt", hatte Meister Eckhart ihn gelehrt. „Wie er euch jetzt vorfindet, nimmt er euch an." Das ist jedoch nicht gleichbedeutend mit: So könnt ihr auch bleiben, ihr braucht nicht mehr an euch selbst zu arbeiten. Denn der Mensch muss dahin kommen, nichts mehr zu wollen: „In jenen, die nichts mehr suchen, weder Ehre noch Nutzen, weder innere Hingabe noch Heiligkeit, weder Belohnung noch das Himmelreich, in jenen, die von all dem Abstand genommen haben, sogar von dem, was ihnen eigen ist, wird Gott geehrt. Denn wo das Geschöpf endet, beginnt Gott.", so meinten Eckhart und Tauler. Diese einfachen und wahren Worte beschrieben perfekt das Problem der Mystik: Es gibt keine Möglichkeit, mit dem Bewusstseinssystem des irdischen Menschen Gott zu erkennen. Das Haupt kann es nicht, und das Herz ist dazu ebenfalls nicht geeignet, so unrein wie es jetzt ist. Eventuell kann untersucht werden, was Gott nicht ist, und das ist schon viel, aber ob uns das ihm näher bringt? Dennoch wird dieser Punkt in allen Berichten der Mystiker behandelt. Auf eine bestimmte Weise werden Gefühle des Verlangens, der Demut, der Askese und Weltentsagung hochgeschraubt, so dass das Wesen des Menschen in eine gewisse Überspannung gerät. Im vierzehnten Jahrhundert wurde diese Überspannung noch intensiver stimuliert durch die vielen Geißelungen und Selbstkasteiungen, die man sich selbst auferlegte. Denn die Ursache des von Gott Getrenntseins war doch das Fleisch? Daher hoffte man, durch diese Selbstquälerei endlich einen Schimmer Gottes auffangen zu können.

Darum bleibt die Mystik immer eine schwierige Angelegenheit, gewiss auch noch im einundzwanzigsten

Jahrhundert, das doch ganz anders ist als das späte Mittelalter.

Es geht nicht um eine Bewusstseinsanspannung, durch die eventuelle feinere Fähigkeiten stimuliert würden. Das ist auch zu individuell, zu klein.

Eigentlich ist es genau umgekehrt. Forciere nicht, aber gehe ans Werk, scheint Tauler zu sagen. Gehe dort an die Arbeit, wo es einfach, logisch und naheliegend ist. In einer Ansprache über die Werke sagte Tauler: „Siehe, wenn ich kein Priester wäre und nicht in einem Kloster lebte, würde ich es schön finden, Schuhe herstellen zu können, denn ich würde gern mein Brot mit meinen Händen verdienen. Wichtig ist, dass man den „Anderen" seine Arbeit in sich ausführen lässt. Wunderbar genug steht man dann schon am Ufer des Gott-Erlebens."

Seit der rheinländischen Mystik ist der europäische Mensch einen langen Weg gegangen. An dieser Periode kann man jedoch sehr gut die Psychologie und die Fallgruben des menschlichen Suchens nach Gott erkennen. Die Bewegung Taulers und seiner Anhänger spielte im vierzehnten Jahrhundert eine wichtige Rolle als Vorläufer bei der Lösung von der Kirche. Allmählich befreite sich der Mensch vom Institut „Kirche" und verließ sich auf seinen eigenen Seelengrund. Denn die Kirche, die eine Brücke sein sollte, war zu einer Mauer zwischen Gott und Mensch geworden.

Die Kirche selbst war auch uneinig. Und die Orte, an denen Tauler verweilte, spielten eine Rolle in den politischen Konflikten zwischen Ludwig von Bayern und Johannes XXII., dem kirchlichen Machthaber in Rom. Dabei war die Macht der Städte ein nicht zu unterschätzender Einfluss. Die Verwaltungen der noch jungen und vitalen Städte, deren Einwohner ihr neues, stolzes Selbstbewusstsein als Torwächter und Bürger zeigten, scharten sich an Ludwigs Seite und wollten nicht mehr von Rom dirigiert werden. Das war für sie kirchlicher Selbstmord: Sie stießen sich selbst aus dem „seligen" kirchlichen Bund aus (denn Kirche und Papst verdienten selbstverständlich nie einen Tadel). Diese Städte wurden von den „Segnungen" des kirchlichen Lebens ausgeschlossen. Rom verbot den Priestern der unterschiedlichen Orden, in diesen Städten noch kirchliche Sakramente zu spenden oder die Messe zu lesen. Nicht jedes Ordenshaus oder Kloster wollte diesem päpstlichen Edikt entsprechen. Erst 1339, also zehn Jahre später, gab der Orden, zu dem Tauler gehörte, nach und fügte sich ebenfalls dem Gebot. Auch Straßburg – vollauf mit dem Bau seiner Kathedrale beschäftigt, die erst teilweise fertig war, – wurde davon betroffen.

Als Reaktion darauf stellten die Stadtverwaltungen alle Orden mit ihren Priestern und Brüdern vor die Wahl: Entweder reicht ihr unseren Bürgern alle geistlichen Gaben, die sie brauchen, und lest die Messe, oder ihr müsst wegziehen. Und obrigkeitstreu, wie die Dominikaner waren, mussten sie aus ihren schönen Abteien fortziehen und ab 1329 ein umherschweifendes Leben führen. Die Stadt hatte sie für drei Jahre verbannt.

Johannes Tauler setzte seine priesterliche Arbeit im Verborgenen fort. Er konnte einem Sterbenden nicht die letzte Hilfe verweigern und wandte in bestimmten Fällen das letzte Sakrament an. Auch hatte sein Orden ihn schon früher nach Basel berufen.

Dort konnte er ungestört predigen, und einige seiner dortigen Vorträge sind erhalten geblieben. In Basel begegnete er auch Heinrich von Nordingen, einem einflussreichen Denker, der aus dem gleichen Grund wie Tauler nach Basel gezogen war. Dieser fromme Mann hatte großen Einfluss und besaß viele Anhänger, von denen sich eine große Anzahl Brüder und Schwestern der einen oder anderen Gemeinschaft angeschlossen hatte. Hier erhielt er ebenfalls Kontakt zu Margaret Ebner, einer religiösen Frau, die mit Heinrich von Nordingen befreundet war. Er korrespondierte einige Zeit mit ihr. Aber seine wichtigste Begegnung fand in seinem fünfzigsten Lebensjahr statt und war von ganz anderem Charakter.

Der Wendepunkt:
die Begegnung mit einem „Freund Gottes"
Wir berichteten bereits, dass trotz allem neue und befreiende Bewusstseinsschritte durch die unterschiedlichen religiösen Orden vorbereitet wurden. Das konnte nirgendwo anders geschehen. Aber die wirkliche Umkehr wurde auf eine andere Weise erreicht, wie sich noch zeigen wird.

Johannes Tauler brachte die Religion wieder dorthin zurück, wohin sie gehört: in das Herz des Menschen, zu seinen Motiven, seinen Vermögen, zur Liebe und zur Nächstenliebe. Darin folgte er nicht dem Denken seiner Zeit, aber wohl der Sub-Strömung jener Männer und Frauen, die nach dem Seelenleben suchten, wie Heinrich Seuse und Jan van Ruusbroec. Eckhart war sein Vorbild, der Meister, der das uralte Bild des Göttlichen im Menschen mit einem neuen, subtilen und fast ekstatischen Mantel versah. Tauler übersetzte dieses Gedankengut gleichsam in die Praxis. Er brachte eine praktische Lehre und versuchte, seine Zuhörer auf eine Lebensweise abzustimmen, die ihnen ein auf Gott gerichtetes Leben näher brachte. Er zeigte ihnen, wie der Mensch durch alle von der Zeit begrenzten Formen und Formeln hin zur reinen Religion, zu einer direkten Verbindung mit dem Universellen durchbrechen kann.

Dabei war der äußere Mensch für Tauler nicht wichtig. Er sprach kaum über sich selbst. Dennoch waren Mitte des Jahrhunderts sein Ruhm und sein Ansehen groß, und er war einer der wichtigsten Wortführer seines Ordens. Einige, wie seine Freundin Christine Ebner, hatten in ihren Träumen Visionen, in denen ihnen Tauler als „einer der liebenswürdigsten Menschen, die Gott auf Erden hat", erschien, „dessen feurige Zunge das Erdreich in Flammen gesetzt hat".

1350 besuchte ein Unbekannter Taulers Predigten. Der folgende Bericht stammt aus Taulers eigenem Zeugnis und dem des „Gottesfreundes aus dem Oberland", um den es hier geht, wiedergegeben von Wilhelm Preger.

Aus einer Stadt, die ungefähr „dreißig Meilen von Straßburg" liegt, (Chur?) kam dieser „Freund Gottes" zu Tauler, um zu sehen, ob er bei ihm „etwas" erreichen könne. Fünfmal hörte er eine Ansprache, beichtete bei Tauler und fragte ihn in einem gegebenen Moment, ob er nicht einen Vortrag halten könne, in dem er erkläre, wie das höchste Ziel erreicht werden kann.

Das könne er nicht, sagte Tauler, das wäre ihm viel zu hoch. Aber der Unbekannte gab nicht nach, bis Tauler zustimmte. Dann hielt Tauler eine Predigt, in der er erklärte, wie ein Mensch, der sich Gott auf das Innigste nähern will, all seine sinnlichen Bilder, Formen und Vorstellungen durchbrechen und sich von ihrem angenehmen Einfluss lösen muss. Er nannte dann vierundzwanzig Punkte, die hilfreich sind, sich diesem höchsten Ziel mit Sicherheit zu nähern. Sie drehen sich alle um den einen Gedanken, nämlich „die Aufgabe des Eigenwillens, das Versinken in sich selbst und die völlige Hingabe an den Willen Gottes".

Tauler war nicht wenig überrascht, als sein Zuhörer in der darauf folgenden Nacht seine Ansprache Wort für Wort aufgeschrieben hatte. Aber er war noch mehr erstaunt, dass der Fremde – ein Laie – eigentlich nicht gekommen war, um viele Ansprachen zu hören, sondern um zu sehen, „ob er nicht Rat geben könnte".

Der Unbekannte hielt Tauler dann vor, dass er die Wahrheit, die er predigte, selbst noch nicht im höchsten Sinn vorlebe und daher in dieser Hinsicht noch ein Pharisäer sei. Denn, so sagte er, Tauler sei noch zu stolz auf seine große Kenntnis der Grammatik und des Satzbaus. Er suche in den Buchstaben der (heiligen) Schrift nicht nur Gott und die göttliche Ehre, sondern lege zu viel Wert auf die Gunst und Zustimmung der Menschen. Und so werde der Buchstabe ihn töten, das heißt, das, was er predige, sei ein Fallstrick für ihn selbst. Er sagte: „Ihr seid ein unreines Fass, in dem noch der Bodensatz steckt, und darum ist der Wein, das reine göttliche Wort, das aus dem Fass herauskommt, für eine aufrichtig liebende Gott-Seele unerträglich."

Er versuchte dann, Tauler zu erklären, dass das „Licht des Geistes" etwas anderes ist

als das äußere Wort der Schrift, es ist sogar unabhängig von ihr. Aber gerade durch das Licht wird die ganze Schrift als eine wunderbare Einheit verstanden.

Tauler war damals fünfzig Jahre alt und stand in der vollen Kraft seines Lebens. Allgemein galt er als der beste Prediger seiner Zeit. Der Unbekannte war fast zwanzig Jahre jünger und außerdem ein Laie. Und der nannte ihn Pharisäer?

Aber der „Gottesfreund" wies darauf hin, dass es hier nicht um Lebensalter ging, sondern nur um die Wahrheit. Hatte Jesus nicht als Zwölfjähriger die Ältesten im Tempel in Erstaunen versetzt wegen seiner Weisheit und seiner großen Kenntnis der Schrift? Hatte Katharina von Siena nicht als Vierzehnjährige fünfzig Weise mit Stummheit geschlagen? Und konnte Tauler überhaupt von sich selbst sagen, mit den vierundzwanzig Punkten, die er den Menschen vortrug, völlig im Reinen zu sein? Sollte ein Lehrer nicht das, was er lehrt, selbst verwirklicht haben?

Tauler war beschämt. Er entschloss sich, den Weg zu gehen, den der junge Mann ihm zeigte. Nun fragte der Unbekannte sich ernsthaft, ob ein Fünfzigjähriger wohl noch in der Lage sei, eine so große Umkehr zu vollziehen. Daraufhin berief Tauler sich auf das Gleichnis vom Weinberg, in dem geschildert wird, dass der Arbeiter, der in der elften Stunde mit der Arbeit begann, dennoch den vollen Lohn erhielt.

Der Unbekannte legte ihm daraufhin dreiundzwanzig Sätze vor, die dazu dienten, jeden Gedanken an diese Welt abzuwehren und sich vollkommen auf das Leben und die Lehre Christi zu richten. Sie dienten ebenfalls dazu, den Eigenwillen zu überwinden und zuzunehmen an Liebe, Reinheit, Sanftmütigkeit und Wahrhaftigkeit. Und er warnte Tauler, wenn er sich dem unterwerfe, würde er dem denkbar schwersten Leben entgegengehen. Man würde ihn und sein Leben verachten und danach trachten, ihn zu vernichten. Seine Schüler würden ihn verlassen, seine Konvent-Brüder sich an ihm ärgern und ihm vorwerfen, eine seltsame Lehre zu verkünden und verrückt zu sein. Dann würde er heimlich auf inneren Trost hoffen, aber sogar diesem Verlangen müsse er entsagen, weil es noch verborgenen Hochmut enthalte. Nein, er müsse demütig und in voller Gelassenheit sagen: „Ich bin es noch nicht einmal wert, dass der Erdboden mich trägt."

Nach schweren inneren Kämpfen kann Tauler sich erst nach neun Tagen dazu entschließen, diesen Weg zu gehen. Und alles geschah so, wie der „Freund Gottes" gesagt hatte. Bevor ein Jahr vorüber war, wurde er von allen Brüdern des Klosters missachtet und als absoluter Sonderling behandelt. Durch die körperliche Askese wurde er so schwach, dass er fürchtete, es nicht mehr lange auszuhalten. „Sein Kopf wurde so schwach", dass er seinen neuen Freund und Meister holen ließ. Dieser mahnte zu größerer Gelassenheit (Annahme oder Hingabe) und riet ihm, seinen Körper mit guten Speisen und Getränken zu versorgen. Da er Geld brauchte, musste er seine Bücher verpfänden. Er konnte sie nicht verkaufen, weil er sie wahrscheinlich später wieder nötig haben würde.

Nachdem er zwei Jahre so gelebt hatte, geriet er in eine innere Krise. Am 25. Januar 1352 übermannte ihn große Verzweiflung. Aber er wartete in Demut und Gelassenheit weiter ab. Er überdachte das Leben Christi, dessen große Liebe und das eigene Leben sowie seinen Mangel an Liebe. Daraufhin überwältigte ihn große Reue.

Arm an Geist, wie er von sich selbst sagte, war es ihm, als höre er in seinem Innersten: „Habe nun Frieden. Die Schwachheiten und Unvollkommenheiten, die dein Herr an dir heilte, heilt er jetzt auch an deiner Seele." Daraufhin zog sich sein Bewusstsein zurück, und er wusste nicht, zu welcher Sphäre er emporgezogen wurde. Aber als er wieder zu sich kam, empfand er eine neue, große, freudevolle Kraft und ein „von Licht erfülltes Unterscheidungsvermögen", worüber er sich über alle Maßen freute, „weil er das nie zuvor gekannt hatte".

Da er nun durch die Gnade Gottes das Licht des Geistes empfangen hatte, empfahl ihm sein unbekannter Freund, seine Bücher zurückzuholen und wieder zu predigen.

Denn nun könne er im Licht des Geistes den inneren Zusammenhang und die Einheit der Schrift verstehen, so dass seine Ansprachen noch mehr Menschen anziehen würden als bisher. „Aber bewahre die Demut, damit der Schatz nicht wieder verloren geht", warnte ihn sein Freund.

Mit den dreißig Gulden, die der „Gottesfreund" ihm gab (heutzutage ein Vermögen), löste er die Schuld ab, erhielt die Bücher zurück und kündigte an, nach drei Tagen eine Ansprache zu halten. Von nah und fern strömten die Menschen hinzu, um zu sehen, was aus Tauler geworden sei. Aber in dem Augenblick, als er zu sprechen beginnen wollte, konnte er kein Wort hervorbringen. „Er bestieg die Kanzel und sah jetzt die große Versammlung der Gläubigen, alle begierig, ein Wort des Lebens aus seinem geweihten Munde zu vernehmen", schreibt Ludwig Tieck um 1800. „Nun übermannte ihn das Gefühl, wie er sonst an dieser Stätte gepredigt, wie unwürdig er damals gewesen, im Namen des Herrn zu lehren und seine Verheißungen auszulegen, wie er jetzt so großer Gnade sei gewürdigt worden und doch derselbe schwache sündige Mensch sei, den die göttliche Kraft zum Werkzeug auserkoren, nun die ewige Liebe zu verkündigen. Da überfiel ihn eine so innige, durchdringliche Wehmut, daß ihm ein Tränenstrom aus den Augen stürzte."

Er unterlag einem so heftigen Weinkrampf, dass es den Menschen peinlich war und sie wieder fortgingen. Nun war er in Straßburg das Tagesgespräch. Mehr als je zuvor wurde er verachtet und verspottet. Seine Konvent-Brüder verboten ihm streng, noch einmal zu predigen: Er war „schwach" im Kopf geworden und besudelte ihren Namen.

Aber der Unbekannte sah in all dem ein gutes Zeichen. „Der letzte Rest Stolz und Eigendünkel ist nun verbannt", sagte er. „Fragt den Prior, ob Ihr als Versuch in einem Kloster oder in einer Schule sprechen dürft." Das gelang wunderbar, die Brüder waren voller Bewunderung. Sie erlaubten ihm, noch einmal vor den Menschen zu sprechen.

Diese erste Predigt behandelte erneut die vierundzwanzig Punkte, aber dieses Mal sagte er, er habe alles selbst durchlebt. Er erzählte das Gleichnis von Christus als dem Bräutigam und der menschlichen Natur als der Braut sowie über das Leben, das man führen kann, um dem Bräutigam zu begegnen. „Es geht hier um eine geistige Hochzeit", sagte er.

Viele erfuhren die neue Kraft, die von ihm ausging, und nahmen sich unter diesem Eindruck vor, dem neuen Leben entgegenzugehen. Der Gottesfreund bat Tauler, noch einige Predigten zu halten. Inzwischen war Fastenzeit. Aber nicht viele Menschen hielten sich an die neuen Regeln. Tauler wies unverblümt auf die Entartung der Sitten hin, auf die Heuchelei der Obrigkeit und der kirchlichen Instanzen. Darüber wollte er sprechen und müsste er auch dafür sterben. Unmittelbar danach verbot ihm der Konvent, wieder zu sprechen, denn das hätte die Einkünfte des Klosters schmälern können. Die Reichen und Mächtigen würden dem Kloster die Arbeit nicht mehr ermöglichen. Daher sandten sie ein Gesuch zur höchsten Instanz ihres Ordens mit der Bitte, ihren widerborstigen Ordensgenossen, für den sie sich schämten, zu versetzen.

Aber von unerwarteter Seite erhielt Johannes Tauler Beifall. Die Bürger und der Magistrat besaßen noch genug Wahrheitssinn, und der freimütige Ernst der Worte Taulers hatte ihr Gewissen angesprochen. Der Rat der Stadt ließ das Kloster wissen, es sei sein Wunsch, dass Tauler bleibe und weiterhin predige.

Während der letzten neun Jahre seines Lebens zeugte Tauler immer wieder von der „großen Umwandlung", die er erlebt hatte. In seinen Predigten traten die große Weisheit, Reinheit und Kraft seines geheimnisvollen, unbekannten „Freundes vom Oberland" immer deutlicher in den Vordergrund. Dieser Mann, dessen Identität sorgfältig geheim gehalten wurde, war kein Kirchenlehrer, keiner der Gelehrten, die wie Tauler, Eckhart oder Seuse alle Werke der damals bekannten kirchlichen Denker, Theologen und Philosophen kannten und beherrschten. Er war ein Laie und reicher Kaufmann, der um 1338 als etwa Einundzwanzigjähriger seinem Leben der Sinnesfreuden und Ausschweifungen entsagte und sich nur noch auf Gott richtete. In dreißig Wochen lernte er gründlich die Bibel kennen, wurde jedoch kein Priester oder Mönch. Er ging einen langen Weg der Selbstvergessenheit und Selbstpreisgabe, der Hingabe an den Willen Gottes in wahrer Gelassenheit.

Das sind die Kennzeichen des Weges zu Christus, den auch Jakob Böhme 1624 genauso formulierte.

Dieser Unbekannte hatte in seinem tiefsten Inneren Christus gefunden und dessen Gnade und neue Lebensatmosphäre erfahren. Er redete mit Gott wie ein Freund zum Freund, so innig wie ein Kind mit seinem Vater. Durch sein ruhiges Wesen, die Gabe des Wortes und sachliche Einsicht wurde er zur Wohltat für seine Umgebung, der er sich widmete.

Seither nahm er sich des Niedergangs des Christentums an, wie er sagte. Er suchte Freunde und Bundesgenossen für das Leben, das er vorlebte. Seine innere Ruhe, die wahre Gelassenheit, der scharfe Blick auf die Eigenarten seiner Mitmenschen waren wichtige Hilfsmittel bei der Verwirklichung seiner Aufgabe.

Siebzehn Schriften, hauptsächlich Erzählungen über die wunderbare Fülle des zu Gott umgewandten Seelenlebens, und eine bedeutende Anzahl Briefe von seiner Hand sind bekannt. Warm und mit großer innerer Überzeugung erklärte er die einfachen Regeln für das neue Leben in Brüderlichkeit, Nächstenliebe und mit gegenseitiger Unterstützung.

Diese Regeln sind nirgendwo schriftlich festgehalten, jedoch tief in die Herzen der wahren Brüder und Schwestern eingeprägt. Für sie und mit ihnen gründete er kleine Gemeinschaftshäuser im Rheinland und in der Schweiz.

Er reiste durch verschiedene Länder Europas und besuchte wichtige, einflussreiche Personen in Ungarn, Lothringen, Norddeutschland und Italien. Er versuchte, sie vom inneren Christentum des Herzens zu überzeugen. Und er kommunizierte auch durch Briefe, die von äußerst schweigsamen und zuverlässigen Boten den Empfängern in den verschiedenen Ländern Europas zugestellt wurden. Schon bald stand er an der Spitze eines ausgedehnten Netzes der Gottesfreunde, die ihren unterdrückten und in Not geratenen Freunden halfen – soweit es in ihrer Macht lag.

Der „Gottesfreund" besuchte den Papst in Rom, warnte ihn und sagte ihm seinen Tod voraus, falls er sich nicht zum christlichen Leben bekehre – er starb noch im gleichen Jahr.

Der „Gottesfreund" ist unbekannt geblieben. Nie wurde offenbar, wo er sich genau aufhielt. Das diente gewiss dazu, dem immer wachsamen Auge der Inquisition zu entkommen. Einmal im Jahr trafen er und seine engsten Freunde zusammen, um die Zeichen der Zeit zu studieren und ihre Pläne zu besprechen.

Tauler, der in seiner Zeit ein renommierter Lehrer war, hatte sich, wie wir feststellten, mit Herz und Seele diesem „Gottesfreund" anvertraut. Es war eine nicht zu unterschätzende Begegnung, deren Inspirationen und Ideen viele Jahrhunderte lang nachgewirkt haben. Denn die Grundgedanken des „Gottesfreundes vom Oberland" verarbeitete Tauler in seinen späteren Predigten.

Und so wie die Hefe den Brotteig aufgehen lässt, so wurden die Seelen seiner Zuhörer durch seine Lehre zum Erwachen oder zur Bewusstwerdung stimuliert.

Wie findet der Mensch seinen göttlichen Grund?

Die „Freunde Gottes" fanden die Einheit in der einen unsichtbaren Kirche und in der wahren Nachfolge Christi, wie später auch die Freunde der Pietisten und am Anfang des siebzehnten Jahrhunderts die Bruderschaft des Rosenkreuzes. Es kommt nicht auf äußere Reglementierungen und Übungen an, sagte Tauler, es geht um die Kraft und die Standhaftigkeit des inneren Menschen. Voraussetzung ist die Hingabe des Menschen an das hohe Ideal. Der innere Mensch ermöglicht es, das Ich zu überwinden und das Leiden sowie die Unvollkommenheit der Welt hinter sich zu lassen. Der innere Mensch richtet sich vom irdischen Sein aus auf das „himmlische Nicht-Sein". Darin findet er seinen Ursprung wieder, „seine formlose und methodenfreie Göttlichkeit", wie Tauler es nannte.

Gott ist näher mir,
als ich mir selbst kann sein.
Wer sich das erwirbt,
tritt in die Freiheit ein.

Diese Zeilen gleichen auffallend den Worten anderer deutscher Denker und Philosophen. Jakob Böhme schrieb fast drei Jahrhunderte später: „Die göttliche Geburt ist in euch, sie ist euch näher als Hände und Füße!" Tauler erklärte, dass wahre Religion und inneres Christentum weit entfernt sind von übersinnlichen, okkulten oder magischen Praktiken und Ereignissen sowie auch von ekstatischen, übertriebenen Äußerungen der Askese oder Selbstkasteiung, die in jenen Tagen viel praktiziert wurden. Sie bedienen sich nicht übersinnlicher Kräfte oder der Hellseherei in unsichtbare Welten. Sie verlangen ebenfalls nicht danach, Christus visionär zu erblicken oder seinen Auftrag auf mediale Weise zu empfangen. All diese Praktiken sind eher ein Hindernis als eine Hilfe auf dem Weg zu innerer Erfahrung. Es sind Wege voller Irrlichter, die niemals auf den einzigen Weg zur Geburt der Seele führen.
Tauler war ein Mann der Mitte und beschützte soviel er konnte die Menschen vor Überreaktionen. „Er war ein ruhiger und stabilisierender Faktor sowohl in seinem Orden als auch im Kreis der Gottesfreunde." So urteilen andere über ihn, zum Beispiel J. Burke und M. S. Berry 1994.
Aber er kannte die Bedeutung der Seele. Er sprach über das Gewicht der Seele, die nicht gewogen werden kann. „Die Seele wiegt mehr als Himmel und Erde und alles, was darin beschlossen ist. Denn der göttliche Geist ist in ihr. Darum wiegt sie soviel wie Gott. Ihre Materie ist das Gold der göttlichen Essenz, die in sie eintauchte und den ganzen Menschen verändern und ihn mit diesem Gold bekleiden will."
Nur um das zu ermöglichen, lebt der Mensch in

dieser Zeitlichkeit, nicht um seiner selbst oder seiner Arbeit willen, sondern um Gott und sein Reich im Menschen zu erkennen. „Denn erst aus diesem Wissen entsteht das rechte Werk und kann der Mensch aus dem Geist der Einheit leben", schrieb Tauler. Gewiss bedeutete das für ihn, die Eigenart jedes Menschen zu ehren, vor allem aber auch, innerlich die Einheit in Christus zu erfahren. Wenn ein Mensch aus dieser Einheit lebt, verschwinden die unterschiedlichen Eigenschaften, die den Menschen von Christus trennen, immer mehr im Hintergrund. „Das göttliche Licht führt alles nach innen, nicht nach außen. Dann gibt es weder hoch noch tief, weder Mann noch Frau. Dann wird all das Äußerliche vergessen. Niemand sucht dann das Seine – jeder sucht seinen göttlichen Ursprung, seinen göttlichen Grund."

Wenn er nach innen geht,
leuchtet ihm ein Licht,
das ihn zu Gott hin führt
und alle Fesseln bricht.

Wie nimmt der Mensch diesen göttlichen Grund wahr? Tauler sagte, es geschieht durch Hinwendung zum Innerlichen, wobei der Mensch sich mit dem Mittelpunkt seines Herzens, dem Seelengrund, verbindet. Hier spürt der Mensch das ihm eingeborene Lichtprinzip, das Licht und die Kraft des göttlichen Funkens oder – wie Tauler das in der Nachfolge Meister Eckharts ausdrückte – des Gottesfunkens. Ist dieses Licht einmal angezündet, durchschaut der Mensch die Angelegenheiten dieser Welt auf eine neue Weise.

Dann erkennt er die Vergänglichkeit der irdischen und zeitlichen Werke. Er weiß, dass die Welt ihn mit vielen Aktivitäten und Ablenkungen, mit Worten, Bildern und allerlei unwesentlichen Dingen binden will, die ihn vom Weg ableiten und tatsächlich Illusionen sind.

Wenn in einem Menschen Einsicht entsteht, erwacht allmählich der Wunsch, seine Seelenkraft nicht mehr für Äußerlichkeiten zu vergeuden. Darum wendet er sich von der Welt ab und versucht so, sich nicht mehr darauf einzulassen, als notwendig ist.

Außerdem wird klar, dass der Mensch mit der Welt auch seine Egozentrik hinter sich lassen muss. Denn der Mensch ist ein Kind der äußeren Natur, und sein Ego ist daraus entstanden. Man kann sogar sagen, dass das Ich und die äußere Natur eins sind. Darum sucht der Mensch zuerst Erfüllung in dieser Welt und will sich hier beweisen. So wird die Welt zur Bühne seines Lebenstriebes. Aber der Mensch ist nicht nur ein Kind dieser Welt, weil er am Status oder an materiellen Gütern hängt. Ihn bindet auch, wie Tauler schrieb, „die Lust, die sich an geistige Güter und Gaben hängt. [...] Dieses Interesse herrscht in vielen Menschen, die davon mehr angezogen werden als von Gott. Und wenn Ihnen die Güter genommen werden, vergehen auch ihr Glaube und ihr guter Wille".

Es gibt ebenfalls Menschen, stellte Tauler fest, welche die Welt nicht loslassen können, weil sie zur Vervollkommnung ihrer Seele zu viel auf die Hilfe anderer vertrauen. Das ist eine andere, subtilere Art des äußeren Suchens: „Sie suchen die Wahrheit bei anderen, statt in ihrem eigenen Seelengrund." Und er wurde nicht müde zu betonen: „Wer meint, in dieser Welt etwas zu sein, während er doch nichts ist, betrügt sich selbst. Jeder untersuche doch einmal sein Tun und suche seine Vervollkommnung in sich selbst und niemals in anderen oder durch andere."

Jeder Mensch trägt allen Reichtum, den er nötig hat, in sich selbst: Es ist die auf den Geist gerichtete und lebendige Aktivität der Seele. An anderen Stellen nennt Tauler das auch die „wahre Seele". „Die wahre

Seele lässt sich nicht aus der Fassung bringen, denn sie hat den göttlichen Funken in sich, und ihr Verlangen kann Gott nur mit sich selbst stillen."

Vor dem Erschaffenen muss ich fliehen
und das Tiefste im Herzen suchen.
Empor zu Gott muss ich den Geist ziehen,
damit er in der Einheit bleibe.

Tauler zeigte auf, dass das Gemüt des normalen Menschen erfüllt ist von „Bildern der Geschöpfe und Dinge". Darum ist darin für Gott kein Platz. Damit ist nicht gemeint, dass das Geschöpf selbst, also alles, was lebendig und erschaffen ist, schlecht sein sollte, denn „in jedem Geschöpf ist etwas Gutes, und jedes Geschöpf kennt auch die Liebe; es ist jedoch nicht das ‚Allein-Gute' oder ‚die Liebe'. Aber die Essenz des Guten, die Liebe, ist der göttliche Geist. Und ihm muss der Mensch sich sehr fügsam und voller Hingabe zuwenden, so dass er in seine Essenz eintauchen und sich dadurch erneuern kann".

Tauler sprach über ein Leben in Hingabe und ausgeglichener Unabhängigkeit sowie über das innigste und zarteste Verlangen des Herzens. Das bezeichnete er als Loslassen der egozentrischen Natur des Menschen – ein Loslassen, das um des Geistes willen möglich wird. Auf diese Weise schafft der sterbliche Mensch Raum, um Gott in sich arbeiten zu lassen. Bei dieser Hingabe, diesem Loslassen, geht es um viel mehr, um ein ganz anderes Ziel, als nur darum, die Unerschütterlichkeit des Gemütes zu sichern, wie es zum Bespiel die Stoiker anstrebten. Tauler wollte alles loslassen, was nicht zu Gott führt!

Wie viel Anspannung, Zeit, Arbeit und Fleiß verwendet ein Mensch täglich für das, was der Äußerlichkeit dient, meinte Tauler, und wie wenig für das, was zu Gott führt! Der Mensch strengt sich an und müht sich ab, als ob das Dasein ewig dauern würde, als ob es von ihm selbst abhängen würde und nicht von ihm, der ewig ist. Das sind Gedanken, die aus dem Menschen selbst als Kind dieser Welt hervorkommen. Wäre er fähig, die Welt so wahrzunehmen, wie sie ist, dann wäre er schockiert. Tauler erklärte, dass fast alles, was den Menschen bewegt, aus Eigenwilligkeit entsteht. Er erkannte in der Eigenwilligkeit eine der größten Schwächen des Menschen und sah sie als wichtigstes Hindernis für das Gehen des inneren Weges.

Wie kann der Mensch mit diesen Mängeln und Schwächen, die er nun einmal besitzt, umgehen? Tauler gab immer nur eine Antwort: „Wenn der Mensch Einsicht erhält und eventuelle Mängel erkennt, muss er sie nicht auf menschliche Weise, also durch Widerstand und Bekämpfen überwinden, sondern auf geistige Weise, durch Loslassen. Jede wiedererkannte Schwäche kann den Menschen auf sein Nicht-Sein zurückweisen. Das ist eine Anleitung, um den inneren Weg mit größerer Ausdauer gehen zu können."

Die Einheit, die er findet,
ist ewig, ohne Grund.
Aber wie sie in ihm wohnt,
ist jedem unbekannt.

„Der Eigenwille", schrieb Tauler, „bedeckt das innere Auge des Menschen, das von allem Wollen und Nichtwollen gereinigt werden muss, wenn er seinen Weg finden und gehen will. Alles Wollen des Menschen muss weniger werden, so dass der Gottesgrund entstehen kann und wir in der rechten Weise sprechen können: Doch nicht mein Wille, sondern dein Wille geschehe." (Lukas 22/42)

Tauler wies auch stets auf die Gefahren des Weges hin. Er sprach über Menschen, die von der ersten Lichtkraft berührt wurden und nun glauben, dadurch alle Wahrheit gefunden zu haben. Daher überlassen sie sich diesem Wohlgefühl. Wie oft meinen sie, über alles hinausgestiegen zu sein, und wie überlegen fühlen sie sich oft anderen gegenüber. Tauler sagte dazu: „In Wahrheit stehen sie jedoch im natürlichen Licht und haben noch keinen Durchbruch vollzogen. Sie lieben sich selbst noch und sind Gott daher fern." Wenn der Mensch aus der Kraft seines Seelengrundes schöpft, dann gibt sie ihm die Möglichkeit, seine Egozentrik hinter sich zu lassen. Im Licht dieser göttlichen Kraft erhält er immer das Vermögen der Unterscheidung zwischen dem inneren und dem äußeren Menschen. Ein solcher Mensch kann dann mit Tauler feststellen: „Was der äußere Mensch ohne den inneren tut, taugt nichts oder kaum etwas. Der äußere Mensch gleicht dem Pharisäer: Er bläst sich auf und zählt seine guten Taten. Der innere Mensch gleicht dem Zöllner: Er blickt in sein Nichts, er kennt seine nichtige Unbedeutendheit und ergibt sich völlig Gott." Wirkliche Gelassenheit (Hingabe), erklärte Tauler klar, ist ein Zustand des Menschen, in dem er überall und jederzeit bereit ist zur ruhigen Einkehr in sich selbst, zur Kontemplation seiner Seele: in sein wahres Selbst.

Hast du dich losgelöst
von aller Erschaffenheit,
dann wird dir zugeflüstert
Gottes Unendlichkeit.

Das wahre christliche Leben ist einfach, aber ohne Kompromisse.

Was sprach Luther, Arndt, Andreae und viele andere innerhalb der unterschiedlichen Kirchen so an in den ungefähr achtzig Predigten Taulers, die bewahrt blieben? Unserer Meinung nach sind es drei Aspekte. Der erste Aspekt ist die außergewöhnliche Fähigkeit Taulers, sein tiefgehendes, christliches Erleben in die

Praxis umzusetzen. Der zweite Aspekt ist, wie wir feststellten, seine Begegnung mit einem wahren Meister, dem Lehrer und Freund, dem „Gottesfreund vom Oberland". Er lernte ihn ungefähr 1350 kennen und vertraute sich ihm mit seinem ganzen Wesen an. Das hat vor allem Andreae und die Seinen inspiriert. Damit war die Basis für eine neue Bewegung gelegt, die sich auf das ursprüngliche Modell des reinen Christentums gründete.

Der dritte Aspekt ist gesellschaftlicher Art. Obwohl Tauler in der Volkssprache sprach, schrieb und predigte, umgab ihn nicht nur das gewöhnliche Volk. Er predigte nicht vor Analphabeten, für das rohe, ungebildete Volk, das keine Zeit für Besinnung und Nachdenken hatte. Solche Menschen müssen in erster Linie überleben, das erfordert ihre ganze Zeit. Religion und Gottesdienstbesuch waren damals keine Frage der Überlegung, sie gehörten ebenfalls zum Überleben. Der spät-mittelalterliche Mensch war an die Kirche gebunden, nicht nur seiner Seele wegen oder wegen seines Platzes im Jenseits, sondern es ging auch darum, seinen Platz im Hier und Jetzt zu behaupten. Er war verpflichtet, den Klerus zu unterhalten. Von ihm pachtete er das Grundstück, auf dem er sich ein Jahr lang abmühen durfte. Er hatte Respekt für die Gelehrsamkeit der Kleriker, aber noch mehr für ihren Einfluss und ihre Macht. Er fürchtete die Gewalt, mit der sie seine sündige Seele auf dem rechten Pfad hielten, wobei brandmarken, foltern oder Auslieferung an die weltliche Macht (das bedeutete Todesstrafe) nicht verschmäht wurden.

Tauler wandte sich an eine andere Zuhörerschaft. Die Einfachheit seiner Worte und sein Vorbild waren nicht für die ganz Einfachen gedacht: Ihnen konnte er in ihrem Leben nicht helfen. Seine Zuhörer kamen hauptsächlich aus der obersten Schicht, dem neu aufkommenden Bürgertum. Darunter gab es viele adelige Frauen. Sie hatten einigen Unterricht erhalten,

verfügten über viel Zeit, taten gute Werke, übernahmen Pflegeaufgaben im Gruppenverband und
waren innerlich zart besaitet genug, um nach Entwicklung ihrer Seele zu verlangen.

Tauler trug seinen Zuhörern vor, dass das wahre
christliche Leben zwar einfach ist, aber ohne Kompromisse: eine neue Lebenshaltung. In seiner siebenundachtzigsten Predigt oder Ansprache sagte er: „Ich
kenne jemanden, der ein wahrer Freund Gottes ist.
Er war sein ganzes Leben lang ein Bauer, mindestens
vierzig Jahre lang, und ist es noch. Er fragte Gott, ob
er seine Arbeit drangeben und zur Kirche gehen
solle. Da sprach dieser: Nein, das solle er nicht tun; er
solle im Schweiße seines Angesichtes sein Brot gewinnen, zu Ehren des Herrn."

Der „liebevolle Meister Eckhart" ist zwar Taulers
Vorbild, aber dessen Predigten verlieren sich in der
Tiefe der Anschauung des göttlichen Bildes im Menschen. Es geht dabei jedoch um eine „negative" Gottes-Erfahrung. Denn man kann Gott nicht kennen,
man kann nur erkennen, was er nicht ist. Das wird
als via negativa bezeichnet.

„Die Gottheit kann niemand kennen", sagt er und
spricht über „den Abgrund des Nichts", oder auch
„das namenlose Nichts". Der Mensch kann Gott
nicht kennen, erklärt er, weil die Gottheit keine
menschlichen Eigenschaften besitzt wie Wahrheit,
Güte und Gerechtigkeit. Man kann von ihm nur sagen, was er nicht ist. Aber man kann ohne Bild und
Wort eins sein mit Gott. In der Seele ist „etwas", das
Eckhart das Licht, den höchsten Verstand, den
Grund, die Burg, jedoch vornehmlich den „Seelenfunken" nennt. Dieser „Funke" erkennt Gott unmittelbar, wenn der Mensch dessen Wirken nicht behindert. Der „Seelenfunke" ist allem fremd, was
erschaffen wurde. Er ist Zeit und Raum nicht unterworfen, aber im begrenzten, natürlichen Menschen
eingeschlossen. Eckhart ermutigt seine Zuhörer, sich

nach diesem Prinzip, diesem Funken tief im Menschen, zu richten. Wenn er zum Leben erweckt und entfacht ist, kann er ein unendlich göttliches Leben entflammen.

Auch die Mystik der Begarden und Beginen oder Schwestern, die ein Jahrhundert vor ihm ihre Blüte erlebte, ist ihm oft zu beschaulich. Denn diese Männer und Frauen hatten kein Gelöbnis abgelegt, sich jedoch für ein gemeinschaftliches Leben in Gebet, Betrachtung und Dienstbarkeit unter der Leitung eines Meister oder einer Meisterin entschieden. Oft arbeiteten sie in der Textilproduktion. Tauler liebte es, ihnen die Schwierigkeiten des inneren Weges zu beschreiben, zu ergründen und mit fesselnden Beispielen zu erklären. Für ihn hatte inneres Wissen erst einen Sinn, wenn es im praktischen Leben verwirklicht werden konnte.

Wenn Tauler auch zuweilen die persönliche und die menschliche Seele in der Tiefe mit der göttlichen Natur verschmelzen ließ, in der Praxis war er durch sein kompromissloses Pflichtgefühl immer davor geschützt, auch nur einen Millimeter nach links oder rechts abzuweichen. Der Mensch ist erschaffen, um den Mitmenschen zu dienen. Erst wenn er das versteht und anwendet, kann er glücklich sein – und Gott verstehen. Und wie bemerkenswert ist es, dass Tauler beim Ausführen dieser Pflicht niemals das freudevolle Göttliche aus dem Auge verlor, das die ganze menschliche Natur erfüllen und in Glut versetzen kann.

Er lenkte seine Aufmerksamkeit fortwährend auf ein sittlich-religiöses Leben, auf eine Lebenshaltung, welche die innere Erneuerung des Menschen fördert und verwirklicht. Persönlich mit Gott zu verkehren und Gott zu erleben ist für ihn das Ziel seines Glaubens. Durch praktische Werke kann man sich ihm zwar nähern, aber der Mensch wird durch die Anzahl seiner guten Taten nicht göttlich. Dazu führen schließlich die Demut, die „wahre Gelassenheit", das „Nicht mein, sondern dein Wille geschehe".

Der Einfluss der rheinländischen Mystik im fünfzehnten und sechzehnten Jahrhundert

1357, vier Jahre vor seinem Tod, besuchte Tauler erneut die Stadt Köln. In diesen letzten vier Jahren seines Lebens hielt er hier einige Ansprachen vor den Beginen des St. Gertrud-Konvents, in dem seine Schwester Äbtissin war. Am 16. Juni 1361 starb er dort in einem Gartenhaus in Gegenwart seiner Schwester, die ihn in den letzten Monaten liebevoll gepflegt hatte. Sogar das rief postum noch Kritik auf: Ein Manuskript von einem ihm persönlich Bekannten aus Kolmar beschreibt ihn als „einen begabten und heiligen Freund Gottes", aber es heißt dort auch: „Er musste sechs Jahre büßen für den ‚sündigen Fehler', dass er sich auf seinem Sterbebett zuviel Pflege von seiner Schwester gefallen ließ, wortkarg war, Mühe hatte, den Befehlen seiner Vorgesetzten zu folgen und außerdem die Gottesfreunde zuviel vergötterte, während er anderen Menschen gegenüber grob war."

Während seines Sterbens war sein Freund und Meister, der „Gottesfreund vom Oberland", der eine so große Bedeutung in seinem Leben hatte, an seiner Seite.

Tauler gehörte zu den rheinländischen Mystikern. Dazu zählte man auch Menschen wie Meister Eckhart, Jan van Ruusbroec und Heinrich Seuse. Die rheinländischen Mystiker waren nicht auf Deutschland begrenzt. Sie hatten engen Kontakt zur flämischen Mystik des dreizehnten Jahrhunderts. Und die flämische Mystik hielt ihrerseits Kontakt zur französischen Mystik. Sie war – vor allem durch den Adel – mit dem katharischen Denken verbunden. Es hatte von Norditalien aus den höfischen Adel des gerade eroberten südfranzösischen Okzitaniens inspiriert. Außerdem war die rheinländische Mystik mit den

Gottesfreunden verbunden, die in einem bestimmten Augenblick eine große Anzahl „Häuser" in Deutschland besaßen und ein reines, strebendes Leben mit wirklichem inneren Wissen verbanden, wie wir bereits feststellten.

Das erste Haus, das der „Gottesfreund vom Oberland" gegründet hatte, war genauso unerreichbar wie das spätere allegorische „Haus Sancti Spiritus" der Rosenkreuzer. Das zweite lag auf einer kleinen Insel im Rhein nahe Straßburg.

Besonders in dieser Stadt wurden in den Jahren 1614, 1615 und 1616 die Manifeste der Bruderschaft des Rosenkreuzes veröffentlicht. Wer den Inhalt dieser Schriften kennt, für den ist es kaum verwunderlich, dass man die Gottesfreunde in mehr als einer modernen Publikation mit den ersten Veröffentlichungen über Christian Rosenkreuz in Zusammenhang gebracht hat.

Wie auch immer, die rheinländische Mystik hat die Autoren dieser ersten Manifeste der Rosenkreuzer stark beeinflusst. Ein wichtiges Verbindungsglied war der Prediger Johann Arndt, der von 1555 bis 1621 lebte. Diesen lutherischen Prediger, der gut zwei Jahrhunderte nach Tauler lebte, betrachtete Johann Valentin Andreae als seinen spirituellen Vater. Arndt wies darauf hin, dass das Christentum zu schlau, zu spitzfindig geworden sei: Wer „glaubte", dass Jesus den Kreuzestod gestorben war, besaß die „juristische" Bestätigung, ein Christ und für den Himmel gerettet zu sein.

Arndt geht noch weiter und erklärt, dass der Mensch seiner Zeit das Wichtigste vernachlässigt. Denn ein Mensch darf sich erst wahrhaft Christ nennen, wenn sein Herz verändert ist und dieser „Viehstall" zu einer „Krippe" wurde, in der die Lichtgeburt stattgefunden hat. Für diesen Menschen beginnt der Gottesdienst im gereinigten Herzen. Ein Christ ist ein praktischer Mensch. Er beweist seinen Glauben, seine

Hoffnung und seine Liebe in seinem täglichen Leben, aber vor allem erwartet er das Himmelreich.

Arndt war Theologe, Arzt und Alchemist. Sein Denken und Arbeiten beruhte zum großen Teil auf Taulers Predigten, die er aus der Ausgabe von 1543 kannte. Arndt war ebenfalls stark von der Bewegung des Geert Groote beeindruckt, der die „Devotio moderna" (moderne Frömmigkeit) gründete, eine Gemeinschaft der „Brüder vom gemeinsamen Leben". Eines der bekanntesten Bücher, *Die Nachfolge Christi* von Thomas von Kempen, wurde von dieser Bewegung inspiriert. Es war Arndts größtes Vorbild. Arndt wollte nach eigener Aussage die Studenten und Forscher in einem lebendigen Glauben vereinen sowie in der Ausübung eines praktisch gottesfürchtigen Lebens, das sich nicht in die Fallstricke und Abgründe der intellektuellen, polemischen Theologie verirren sollte.

Ein Schritt vorwärts. Von der inneren Betrachtung zum Erkennen des Gott-Menschen

So spielte also das schockierende und rohe vierzehnte Jahrhundert eine entscheidende Rolle in der Entwicklung des europäischen und religiösen Bewusstseins. In Europa wurde ein wichtiger Bewusstseinsschritt vorbereitet.

Im dreizehnten Jahrhundert war das unmittelbare Erleben des Christus und seines Reiches mit den Albigensern buchstäblich mit Feuer und Schwert ausgerottet worden. Brutal wurde ein Weg abgeschnitten, der nie mehr gegangen werden kann, wie sehr auch im Heute Sucher aller Schattierungen von ihm wie von einem Magneten angezogen werden.

Gleichzeitig zerfiel die Kirche in zwei Lager. Es gab einerseits das enge Denken über Gott, das Scholastik genannt wurde, und andererseits die schamlose Bereicherungskultur der Kirche als einflussreichste Macht in der Geschichte Europas.

41

Die religiöse Sehnsucht kann jedoch nicht ausgerottet werden. Immer wieder werden sich „Verkünder" des Wortes Gottes erheben, das nur innerlich verstanden werden kann. Im späten Mittelalter bestand ein unausrottbarer, großer europäischer Verbund, von dem aus immer wieder im Verborgenen und im kleinen Kreis das ursprüngliche Christentum aufblühte. Denn es ist unlöslich mit der europäischen Seele verbunden. Dafür sind Eckhart und Tauler erfreuliche Vorbilder. Einem verborgenen Gesetz entsprechend erhoben sie sich als Reaktion auf die dürre, mentale Gewalt der Theologen des elften und zwölften Jahrhunderts. Meister Eckhart brachte die innere Erkenntnis des Gottes im Menschen. Tauler und die Gottesfreunde suchten in der Praxis der „wahren Gelassenheit" den Untergang der Natur nach.

Genau diese Lebenshaltung drücken später die Rosenkreuzer mit den Worten aus: „in Jesu morimur". Auch Luthers Reformation, die eine so große Spaltung im Europa des sechzehnten Jahrhunderts verursachte, setzte im Wesentlichen mit den gleichen Motiven ein, die auch der Ausgangspunkt der rheinländischen Mystik waren.

Aber diese Seiten wurden ebenfalls umgeblättert, und der europäische Mensch entwickelte sich weiter. Denn das Erblicken des innerlichen Bildes Gottes und der Untergang des Menschen in Christus sind keine Ziele an sich. Es sind Erkenntnisse, die lange reifen mussten. Durch die moderne Frömmigkeit einer großen Anzahl Denker und Mystiker sowie durch das Misslingen der Reform Luthers (das sich ein Jahrhundert später bereits mehr als deutlich zeigte) wurde schließlich Ende des sechzehnten und Anfang des siebzehnten Jahrhundert klar: Es geht nicht nur um den Untergang des (Ich-)Menschen im Nichts. Es geht um die wirkliche Reformation des Geistes, um das „per spiritum reviviscimus", durch den Geist wiedergeboren werden.

Durch den Geist Gottes wiedergeboren werden ist die neue Einsicht am Beginn des siebzehnten Jahrhunderts. Damit wurde das innere christliche Erleben auf eine hermetische Basis gestellt, die unter anderen der große Paracelsus gelegt hatte. Und in diesem neuen Rahmen, auf dieser neuen Lebensgrundlage, war genügend Patz für die junge, sich entwickelnde Wissenschaft. Denn besonders ein Mann wie Theophrastus Paracelsus wies darauf hin, dass die Wissenschaft, wenn man sie auf der richtigen Basis betreibt, die Richtigkeit des Göttlichen im Menschen beweise. „Mensch, erkenne dich selbst", das bedeutet, den Naturmenschen zu erkennen, aber auch und vor allem den Geist-Menschen. Und Paracelsus teilt dem Sucher mit: „Dann wirst du Gott erkennen!"

Das legte die „Reform der Reformation" nahe. Das war der neue Schritt. Er war das Resultat des Zusammenwirkens der rheinländischen Mystik mit dem hermetischen Denken, das in spiritueller Hinsicht die nördliche Renaissance kennzeichnete.

Es ging nicht mehr nur um das Göttliche im Menschen (denn aus kirchlicher Sicht war bereits alles göttlich, weil es von Gott geschaffen, aber sündig war). Nein, es wurde erneut ein universelles Konzept der Befreiung geboren. Paracelsus weist auf den mikrokosmischen Menschen hin.

Dieser Gott-Mensch mit einem anderen Ursprung und einem kosmischen Aktionsradius zeichnete sich im Bewusstsein jener Menschen ab, die – gewollt oder ungewollt – die Rosenkreuzer-Bewegung vorbereiteten. Dass dabei das Leben und die Botschaft des „Gottesfreundes vom Oberland" durchklingt, bedarf kaum einer Erörterung. Die Übereinstimmung zwischen der symbolischen Lebensgeschichte des Christian Rosenkreuz und des wirklichen Lebens des „Gottesfreundes" ist auffällig.

Die Freunde der rheinländischen Mystik sahen Gott bereits als Alles-Erfüller im Universum, im Kosmos und im Menschen. Dennoch dauerte es noch dreiein-halb Jahrhunderte, bis dieses Wissen vom ursprüngli-chen, mikrokosmischen Menschen, der ein eigenes, göttliches Bewusstsein mit einer eigenen Beseelung und eine direkte Verbindung zum Geist besitzt und nur vom Menschen selbst kontrolliert werden kann, weiter durchdringen konnte.

Der mikrokosmische Mensch gehört zu einem anderen Bewusstseinsfeld, zu einem anderen Lebens-feld. Beide, der göttliche Geist-Mensch und die Persönlichkeit, begegnen einander auf dem Kreu-zungspunkt, nämlich im „Funken". Es ist der Gottes-Funke oder Seelen-Funke, der von den Brüdern des Rosenkreuzes „ein Samenkorn, gesät in das Herz Je-su", genannt wurde. Dadurch wird klar, dass es nicht die Persönlichkeit, sondern der göttliche Geist-Mensch von einst ist, der „geschaffen wurde nach seinem Bild und Gleichnis". Für Tauler war dieser Bewusstseinsweg von eminenter Bedeutung.

Almere/NL, 31. Dezember 2004, P. Huijs

44

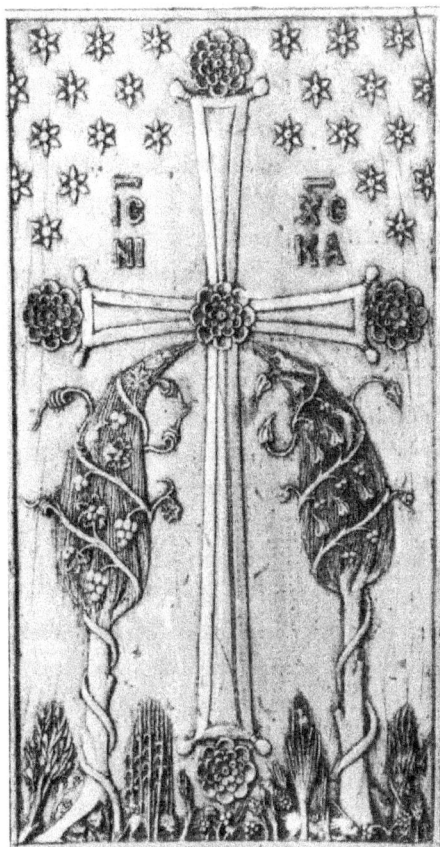

Harbaville-Triptychon, Elfenbein,
byzantinisch, 10.-11. Jh., Louvre, Paris

Taulers Predigten
kompromisslos, liebevoll und klar

Gottes tiefe Einsamkeit und wilde Finsternis
Wie ich öfter gesagt habe, muss sich
der Mensch am Anfang seiner Be-
trachtungen auf ein zeitliches Objekt
richten – wie die Geburt, das Leben
und das Vorbild des Erlösers. Aber
dann muss er seinen Geist erheben
über das Zeitliche und in Gott zum
ewigen Leben und Sein emporheben.
Der Mensch kann in dieser Eigenheit
Gottes die Widerspiegelung seines eigenen Seins erkennen: Er sieht dann,
dass Gott reines Sein ist, das Sein allen
Seins und doch keins von ihnen allen.
Augustinus sagte: „Wenn du einen
guten Menschen, einen guten Engel
und einen guten Himmel siehst, dann
lasse diesen Menschen, diesen Engel
und diesen Himmel weg, und übrig
bleibt das Sein des Guten, das Gott ist.
Er ist vollständig in allen Dingen und
steht doch hoch darüber." Alle Geschöpfe haben etwas Gutes, besitzen
Liebe usw. Aber Gott allein ist das
Sein des Guten, der Liebe und alles
dessen, was wir „Sein" nennen. Zu
ihm muss der Mensch sich wenden
und in ihm versinken mit all seinen
Vermögen – mit allem, was er tut,
fühlt und sieht. So wird er ganz von
seinem Nichts durchdrungen und
wird in Gott neu.
Er empfängt das „Sein" im göttlichen
Sein – das allein nur Sein ist und in
allen Dingen lebt und wirkt. Danach
muss der Mensch die Eigenheiten der

Wir sind aus demselb
Ursprung entstanden.
Und mit allem, was
wir sind, haben wir
dasselbe Ziel und kehr
zu demselben Ursprun
zurück.
So wie der Stein zur
Erde fällt und das
Feuer zur Luft em-
porflammt, so wird d
Seele zu Gott hingezo-
gen.

einfachen Einheit Gottes betrachten, denn Gott ist die schließliche Zusammenfassung aller Einfachheit. In ihm ist all das Unterschiedliche eins geworden und vereint in der Einheit seines Wesens. Dieses Sein ist sein Handeln, sein Wissen, seine Belohnung, seine Liebe, seine Rechtsprechung, sein Erbarmen, seine Gerechtigkeit. Das alles ist in ihm nur eins. Darin müsst ihr mit eurer unbegreiflich großen Vielfältigkeit einkehren, dann wird er sie in seiner Einfachheit eins werden lassen.

Daraufhin muss der Mensch die unaussprechliche Verborgenheit Gottes betrachten, von der Jesaja sagte: „Fürwahr, du bist ein verborgener Gott." (Jes. 45/15) Er ist in allen Dingen viel mehr verborgen als jedes Geheimnis im Seelengrund eines Menschen, für alle Sinnesorgane verborgen und völlig unerkannt im Innersten seines Grundes. Dort dringt ein mit all euren Vermögen, frei von allen Gedanken und aller Äußerlichkeit, die sich selbst so fremd und fern aller Innerlichkeit ist – wie ein Tier, das nur seinen Sinnen folgt und weder Verstand, noch Bewusstsein oder Erfahrung besitzt. Versinkt in der Geborgenheit Gottes, verbergt euch darin vor allen Geschöpfen und allem, was dem Sein fremd ist und ihm nicht näher kommt. Das alles darf aber nicht durch Einbildung geschehen oder auf die Weise des so sehr begrenzten Denkens, sondern auf wesentliche, schöpferische Weise: also mit all euren Kräften und eurem ganzen Verlangen, das alles Sinnesorganische übersteigt.

Und dann muss der Mensch das Wesen der Einsamkeit Gottes betrachten. In der stillen Leere, in der noch niemals ein Wort gesprochen oder ein Werk verrichtet wurde, ist das Sein. Alles ist dort still und leer, aber voller Geheimnisse. Darin gibt es nichts als die reine Gottheit. Dorthin kam noch niemals etwas Fremdes: kein Geschöpf, kein Bild und keine Form. Diese Einsamkeit meinte der Herr, als er durch Hosea sagte: „Ich will die Meinen in die Einsamkeit führen und dort zu ihrem Herzen sprechen." Diese Einsamkeit ist eine stille, einsame Gottheit. Dorthin werden alle geführt, die Gottes Verheißungen annehmen, jetzt und in Ewigkeit. In diese einsame, stille Gottheit müsst ihr euren nutzlosen, hässlichen Grund hineinführen. In Gottes Einsamkeit müsst ihr euren vom Unkraut überwucherten Grund führen, dem alles Gute mangelt, auf dem wilde Tiere leben – nämlich eure Sinnesorgane und Vermögen, die wie das Vieh ihren tierischen Begierden folgen.

Schließlich müsst ihr die göttliche Dunkelheit betrachten. Wegen ihrer unaussprechlichen Klarheit ist sie für jeden Verstand, für alle Engel und Menschen Finsternis – so wie der Glanz des Sonnenrades für das schwache menschliche Auge der Finsternis gleicht. Denn jeder erschaffene Verstand verhält sich seiner Natur entsprechend der göttlichen Klarheit gegenüber wie das Auge einer Schwalbe der hellen Sonne gegenüber: Er kann sie nicht ertragen, wird davon geblendet und scheut davor zurück – weil der Verstand als Geschöpf erschaffen ist. Dem stellt eure undurchdringliche Finsternis gegenüber, die allen Lichtes beraubt ist, der alles Licht fehlt. Dann lasst den Abgrund der göttlichen Dunkelheit – die nur durch sich selbst erkannt werden kann und durch nichts, was erschaffen wurde – euch erleuchten. Der selige Abgrund, unbekannt und ohne Namen, wird mehr geliebt und zieht mehr Seelen an als alles, was sie vom göttlichen Sein in der Ewigkeit gewahren können. (Zusammenfassung aus Predigt 83)

Wer soweit kommt, findet, was er zuvor und auf vielen langen Umwegen gesucht hat. Dann wird der Geist – an den Sinnen vorbei – in eine einsame Wildnis geführt, von der niemand berichten kann, in das verborgene Dunkel des Allein-Guten, das weder Art noch Weise besitzt. Dort nähert sich der Geist so sehr der Einheit der einfachen Einheit-ohne-Weise, dass er alles Unterscheidungsvermögen verliert, sogar das für die verschiedenen Objekte und Erfahrungen. Denn in dieser Einheit geht jede Unterschiedlichkeit verloren, durch die Einheit wird alle Verschiedenheit eins.

Sobald solche Menschen zu sich selbst kommen, haben sie einen klaren, liebevollen Blick auf alle Dinge wie keiner sonst. Der entwickelt sich durch die Einfachheit der Einheit wie auch eine helle, klare Einsicht in alle Artikel des reinen Glaubens. Das gilt zum Beispiel für die Tatsache, dass Vater, Sohn und Heiliger Geist ein Gott sind, und für alle anderen Glaubenswahrheiten. Niemand weiß besser, was rechte Einsicht ist, als jene, welche die Einheit erreicht haben. Diese Einheit wird zwar als unsagbare Dunkelheit bezeichnet – und das ist sie auch –, aber dennoch ist sie das wirkliche Licht. Sie ist und wird auch genannt: eine unvorstellbare, einsame Wildnis, in der niemand Weg oder Weise findet, denn sie steht über jeder Weise. Diese „Dunkelheit" müsst ihr verstehen als Licht, zu dem kein erschaffener Geist gelangen und es auch nicht erfassen kann. Und diese Dunkelheit ist „wild", weil sie nicht auf natürliche Weise zugänglich ist. In ihr wird der Geist über sich selbst und weit über Erfassen und Verstehen hinausgeführt. (Zusammenfassung aus Predigt 11)

Gottes Last ist in Wahrheit leicht.
Die ewige Wahrheit, Jesus Christus, sagt: „Denn mein Joch ist sanft und meine Last ist leicht." (Matth. 11/30) Das „Joch" betrifft den inneren Menschen und die „Last" den äußeren, alten, irdischen Menschen. Der innere, edle Mensch ist aus dem edlen Grund der Gottheit gekommen und nach dem edlen, reinen Gott gebildet. Und dorthin wird er wieder zurückgerufen, hineingerufen und auch gezogen. So kann er alles Guten teilhaftig werden, das dem edlen, seligen Grund von Natur aus eigen ist: Er kann durch Gottes

Gnade die Seele erhalten, so wie Gott tief in das Innerste der Seele den Grund gelegt hat und sich darin verborgen und verdeckt aufhält ... Wer das wahrnehmen, erkennen und betrachten kann, der ist zweifellos selig! Wenn der Mensch seinen Blick auch nach außen richtet und dem Irrtum verfällt, so spürt er doch eine bleibende Anziehung und Neigung dafür. Wie er sich dem auch zu entziehen versucht, er findet keine Ruhe. Alle anderen Dinge genügen ihm nicht, nur das. Denn das himmlische Gute zieht ihn an und zieht ihn immer wieder fort in das Tiefste seines Inneren, ohne dass er davon weiß. Denn das ist seine Bestimmung. Alles kommt zur Ruhe, wenn man seine Bestimmung erreicht hat. Der Stein fällt zur Erde, und das Feuer lodert zur Luft empor. So wird die Seele zu Gott hingezogen. Für wen ist nun das Joch, das Ziehen und Tragen, sanft? Nur für die Menschen, die sich selbst – ihr Angesicht, ihr Gemüt – nach innen gewandt haben, hinweg vom Geschöpf. Die Seele steht genau zwischen Zeit und Ewigkeit. Wendet sie sich der Zeit zu, dann vergisst sie die Ewigkeit. Wenn die Dinge sie ablenken und wegführen, dann ist sie klein. Was man in der Ferne sieht, erscheint klein, während alles, was nahe ist, groß erscheint, weil es dann die Sicht zwischen Auge und Gegenstand behindert. Das gilt besonders für die Sonne, obwohl sie sechzig Mal so groß ist wie

So sieht der Mensch die unaussprechliche Verborgenheit Gottes an. Wie Jesaja sagt: „Fürwahr, du bist ein verborgener Gott." Er ist in allen Dingen mehr verborgen, als jedes Ding sich selbst im Tiefsten der Seele ist, verborgen vor allen Sinnesorganen und innerlich sogar im Tiefsten absolut nicht erkennbar. Strebt darum mit aller Kraft weit über das Denken hinaus, über all das äußere Sein, das so fern von sich selbst und aller Innerlichkeit ist, so fremd wie es einem Tier ist. Dringt zum Innersten durch, verbergt euch im Verborgenen vor allem Erschaffenen und allem, was eurem Wesen fremd und ungleich ist. Das heißt, nicht im übertragenen Sinn und auf eingebildete Weise, sondern wesentlich und wirksam, mit aller Kraft und allem Verlangen, über die Sinnesorgane hinaus, so dass ihr es wirklich erfahrt.

die ganze Erde. Wenn man im Sommer, wenn die Sonne hoch am Horizont steht, einen Spiegel in ein Wasserbecken legt, dann erscheint die Sonne im Spiegel kaum größer als ein Stückchen Erde.

Und wie klein das Ding auch sein mag, das man zwischen den kleinen Spiegel und die große Sonne hält, es wird das Bild der großen Sonne völlig verdecken. Genauso geht es dem Menschen mit einem Hindernis, das sich ihm in den Weg stellt. Es kann sein, was es will – wie groß oder klein auch immer –, er kann dadurch nicht in diesen Grund blicken. Zweifellos wird es verhindern, dass Gott, das größte Gut, im Spiegel seiner Seele als Ebenbild erkennbar wird.

Wie edel und rein die irdischen Bilder auch sein mögen, sie sind alle ein Hindernis für das Bild ohne jede Form, das Gott ist. Die Seele, in der sich die Sonne widerspiegeln soll, muss frei und leer von allen Bildern sein. Denn wenn sich ein Bild im Spiegel zeigt – welches auch immer –, dann ist er nicht fähig, Gottes Bild aufzunehmen.

Alle, die sich nicht bemühen, von irdischen Bildern leer zu werden – so dass der verborgene Grund sich offenbaren kann –, sind wie Milchmägde, und ihr Joch ist bitter. Wer niemals in diesen Grund geblickt, ihn nicht geprüft hat, für den ist es – sagt Origenes – ein Zeichen, dass er in Ewigkeit den Grund nicht wahrnehmen, noch sich an ihm freuen wird.

Der Mensch, der – je nach Vermögen – nicht mindestens einmal am Tag in diesen Grund einkehrt, der lebt nicht als ein wahrer Christ. Für jene aber, die Zeit darauf verwenden, den Grund zu reinigen und die irdischen Bilder fallen zu lassen – so dass Gott sich in ihren Grund ausgießen kann –, schmeckt Gottes Joch so süß wie Honig. Es ist süßer als alles, was sie je gekostet haben. Und alles, was nicht so ist, erscheint ihnen ekelhaft und bitter. Ja, für alle, die es gekostet haben, ist die Welt zur bitteren Galle geworden. Wenn man diesen edlen Grund einmal genossen hat, kommt man nicht mehr davon los, so sehr klammert er sich an, saugt das Mark aus den Knochen und das Blut aus den Adern. Wenn das Bild jedoch sein Ebenbild war, dann verblassen alle Bilder und verschwinden aus dem Grund.

Die Dinge, von welcher Art sie auch sein mögen, sind also eine Behinderung für euch, weil ihr dadurch an eurem „Ich" festhaltet. Wenn ihr euch von allen Bildern und vom eigenen Willen löst, dann könnt ihr ein Königreich besitzen und es wird euch nicht schaden. Befreie dich also von aller Gebundenheit an die Dinge und von allen irdischen Bildern. Dann könnt ihr alle Dinge besitzen, die ihr je nötig haben werdet.

In solchen, von irdischen Bildern befreiten Menschen scheint die göttliche Sonne, so herrlich werden sie sich selbst und allen Dingen entrückt. Sie haben ihren Willen, sich selbst und alle Dinge dem göttlichen Willen übertragen und sind nun mit diesem Willen verwoben. Sie werden so liebevoll unter Gottes Joch gebracht, dass sie die Dinge vergessen – sie erscheinen ihnen so klein. Sie sind schon den himmlischen Dingen nahe, denn die befinden sich in ihrem Inneren – und erscheinen ihnen nun durch ihre Nähe groß. Kein Hindernis hält sie davon getrennt, und sie genießen deren lieblichen Geschmack.

Nun wenden wir uns dem anderen Textteil zu: „Meine Last ist leicht." Das betrifft den äußeren Menschen, der sehr viel und auf sehr verschiedene Weise zu leiden hat. Aber, lieber Gott, wo sind denn die glückseligen Menschen, für die Gottes Last leicht ist? Niemand will leiden, und doch muss immer wieder gelitten und ertragen werden, wie man es auch dreht oder wendet. Christus selbst hat leiden und so in seine Herrlichkeit eintreten müssen. Was müssen wir denn leiden? Wir müssen ertragen, was Gott entschieden und verfügt hat, wo und wie es uns auch überfällt – es sei von Gott oder von den Menschen gekommen. Unsere Freunde sterben, Besitz,

Ehre, der innere oder äußere Trost können verloren gehen ... Ob das nun von Gott kommt oder von den Geschöpfen: Diese Last müssen wir froh tragen. Dazu kommen noch die eigenen Unzulänglichkeiten, die wir bedauern und derer wir nicht Herr werden können. Beugt euch also unter der Last, um nach Gottes Willen zu leiden. Übergebt euer Leiden Gott. Das Pferd hinterlässt den Mist im Stall. Der Mist mag schmutzig sein und üblen Geruch verbreiten, doch dasselbe Pferd schleppt denselben Mist mit viel Anstrengung auf den Acker. Und durch diesen Mist wächst das edle, schöne Korn, der edle, süße Wein. Sie würden niemals wachsen, wenn der Mist nicht wäre. Nun, euer Mist sind die eigenen Mängel, derer ihr nicht Herr werdet oder die ihr nicht loswerden könnt. Schleppt sie mühselig und fleißig in ehrlicher Selbstübergabe auf den Acker des liebevollen Willens Gottes. Streut sie aus über diesen edlen Acker, dann wird ohne jeden Zweifel – wenn ihr sie demütig übergeben habt – eine edle, selige Ernte hoch aufschießen. Wer sich in demütiger Hingabe unter diese Last und unter alles, was Gott entscheidet und verfügt, beugt und sich Gottes Willen fügt, was das Haben und Entbehren betrifft – also im demütigen Vertrauen seriös durchhält –, der nimmt alle Dinge von Gott an. Er will sie ihm auch wieder zurückgeben, weil er sich wirklich von all dem Äußerlichen gelöst hat, in sich selbst ruht und im ewigen Willen Gottes versunken ist unter Verleugnung seiner selbst und aller Geschöpfe. Wer so lebt und darin ausharrt, für den ist Gottes Last in Wahrheit leicht! Sein ganzes Tun und Lassen ist in allem von Gott durchtränkt. Möge der edle Gott so in uns wirken, dass sein Joch sanft wird und seine Last leicht. Dazu helfe uns Gott.
(Zusammenfassung aus Predigt 6)

Gott verlangt keine große Vernunft, sondern nur Liebe.

Das Edelste und Köstlichste, über das wir sprechen können, ist die Liebe. Ihr könnt nichts Nützlicheres lernen. Gott erwartet weder große Vernunft von uns, noch tiefe Gedanken oder eindrucksvolle Ausübung der Frömmigkeit. Auch wenn man gute Übungen niemals aufgibt: Erst die Liebe verleiht jeder Übung Wert und Würde. Gott erwartet von uns nur Liebe, wie auch Paulus lehrte, „... die Liebe, die da ist das Band der Vollkommenheit" (Kol. 3/14).

Große Vernunft und Geschicklichkeit besitzen auch Juden und Heiden. Große Werke führen Gerechte und Ungerechte aus. Allein die Liebe trennt die Bösen und die Guten. Denn Gott ist die Liebe, und die in der Liebe sind, wohnen in Gott und Gott in ihnen. Darum müsst ihr vor allem wahre Liebe lernen. Gott hat uns im Voraus so unaussprechlich geliebt, dass wir auch ihn wohl lieben müssen, sagte Augustinus. Dann wird unsere Liebe auch nicht auf ein Nebengleis geleitet und nimmt nicht ab, sondern wächst und nimmt zu. Denn Liebe führt zur Liebe, und je mehr man liebt, umso mehr ist man fähig zu lieben.

Die Liebe kennt zwei Arten der Aktivität: eine innere und eine äußere. Die äußere Aktivität gilt den Nächsten, die innere wendet sich direkt Gott zu. Um die Liebe richtig auszuüben, hat die Seele Einsicht nötig. Paulus schreibt dazu: „Eure Liebe wachse in Erkenntnis und Empfänglichkeit." Denn wir müssen uns nicht nur mit dem Guten begnügen, sondern wir müssen nach dem Allerbesten streben und vor Liebe überfließen. Erkenntnis ist die dritte Gabe der sieben Gaben des Heiligen Geistes und kommt unmittelbar vor der Liebe, genauso wie ein Dienstbote im Dienst einer Dame ihr vorausläuft. Die wahre, göttliche Liebe müsst ihr in euch haben. Sie muss erkennbar und wahrnehmbar sein an der Liebe, die von euch zu euren Nächsten ausgeht, wie geschrieben steht: „Denn wer seinen Bruder nicht liebt, den er sieht, wie kann er Gott lieben, den er nicht sieht?" (1. Joh. 4/20)

„Liebt Gott über alles und euren Nächsten wie euch selbst." Davon sind alle Gebote und das Gesetz Gottes abhängig. Wir müssen uns mit ihm freuen und mit ihm leiden in allen Dingen. Wir müssen ein Herz und eine Seele sein, so wie es die Apostel sahen: „Sie hatten alles gemeinschaftlich." Könnt ihr das nicht öffentlich zeigen, weil euch dazu die Mittel fehlen, dann müsst ihr doch innerlich bereit sein: in eurem Grund, in Ehrlichkeit – in einer nicht weiß getünchten, sondern aufrichtigen Ehrlichkeit – in eurer Neigung, eurer Liebe und eurem Willen, die zu Liebestaten bereit sind. Könnt ihr für den Nächsten nichts anderes tun, schenkt ihm dann ein gutes, liebevolles Wort, das aus einem ehrlichen, guten Grund aufsteigt. Eure Liebe muss sich auch schwierigen Menschen zeigen. Ihre Mängel müsst ihr mit liebevoller Geduld ertragen. Ihr dürft sie nicht hart verurteilen, sondern barmherzig das unpassende Verhalten euch gegenüber ertragen. Fehler entstehen oft nicht aus eingewurzelter Bosheit, sondern aus mangelnder Einsicht und aus Schwäche. Gregorius sagte: „Es kann auch sein, dass Gott es so gewollt hat. Denn wir können dadurch demütiger werden und unsere eigenen Mängel besser erkennen." Es ist eine sehr schwere Sünde, wenn niemand von uns den anderen aus dem Grund

Dionysos sagte: „Gott ist nichts von allem, das man benennen, kennen oder verstehen kann. Dadurch wird der Geist so gelassen, dass er, wenn Gott es wollte, vollkommen zu Grunde ginge (wenn er es könnte). Er würde es aus Liebe zu diesem Nichts, in das er vollkommen aufgenommen ist, gern zulassen. Denn er weiß nichts, liebt nichts, versucht nichts als nur das Eine. „Kinder, was meint ihr, mit welcher Liebe Gott den Menschen lieben würde, der ihm Raum gibt, um sein edles Werk auszuführen und sich in ihm zu offenbaren? Welche Liebe könnte je zu groß sein? Sie übersteigt allen menschlichen Verstand, ja, sogar das Verständnis der Engel. Denn so ein Mensch wird mit der Liebe geliebt, mit welcher der himmlische Vater seinen eingeborenen Sohn liebt. Warum der Mensch so erschaffen wurde, ist unergründlich!

seines Herzens in Liebe ertragen und seine Schwächen erdulden will. Die Liebe zum Nächsten kann in allem, was ihr tut, umfassend sein. Sie kann wachsen, zunehmen, und an ihr könnt ihr die andere Liebe prüfen, die nach innen gewandt ist, Gott, eurem Ursprung zugekehrt.

(Zusammenfassung aus Predigt 76)

Wir müssen uns jedoch in tatkräftiger Liebe für alles öffnen. Das ist außergewöhnlich nützlich und fruchtbar. Es bedeutet, dankbar zu sein für all das Gute, das Gott auf unterschiedliche Weise mir, allen Menschen und den Engeln erwiesen hat. Ich werde mich mit all meinen Vermögen in die großen Beweise der Liebe vertiefen, die Gott mir geschenkt hat. Er schenkte sie auf jede nur mögliche Weise, in jedem seiner Werke, im Allgemeinen und auch mir im Besonderen – und das persönlich, in seinem ganzen Leben und Leiden. Dem werde ich meine Kleinheit und Unwürdigkeit, mein Nichts gegenüberstellen. Ich will Himmel und Erde und alle Geschöpfe einladen, mir zu helfen, ihm zu danken, denn allein schaffe ich es nicht in ausreichendem Maß. Und in diesen Dank werde ich mit meinem geistigen Auge gleichzeitig die ganze Christenheit mit einbeziehen, die Lebenden und die Toten und vor allem jene, für die ich beten will. Im Namen all dieser Menschen darf ich dann – sie alle mit meinem geistigen Auge umfassend – mein Herz erheben in einem innigen, liebevollen Verlangen nach Gott. So werde ich vor Gott meine besondere Liebe zum Leben und Leiden Jesu Christi bekennen. Und das alles muss in einem einzigen Augenaufschlag geschehen, so als würde man tausend Menschen mit einem Blick umfassen. Und dieses Sich-mit-dem-Geist-Gott-zuwenden müssen wir stets einen Augenblick lang wiederholen, immer wieder. Und dann müssen wir mit unserem Handeln, unserem Verstand und unserer aktiven

58

Liebe, also mit allem, zurückfließen in Gott. Alles Gute, das ihr je von Gott empfangen habt, dürft ihr jedoch nicht euch selbst zuschreiben. Ihr müsst es ihm wieder zurückgeben – und nicht stolz darauf sein, sondern bedenken, dass ihr überhaupt nichts und sehr arm seid. Lasst euer Fragen und Disputieren hinter euch, denn Gott ist es, der sich euch innerlich gezeigt hat und euch alles gibt. Haltet euch nur an eure Kleinheit, eure Armut, euer Nichts-Sein, denn das ist in jedem Fall wahr. Überlasst Gott, was Gottes ist und tut euer Bestes, um zum Ursprung zurückzukehren, wie Jesus Christus es tat. Er strebte mit all seinen Vermögen, den höheren und den niederen, stets empor. Wer ihm gewissenhaft folgt, wird es gewinnen.

Das menschliche Maß

Schmerzliche Selbsterkenntnis

Der Mensch besitzt sozusagen zwei Sorten Augen, äußere und innere. Würde er das innere Auge nicht besitzen, dann wäre es um das äußere Auge schlecht bestellt. Aber auch um den ganzen Menschen, denn er würde sich in nichts von den gezähmten oder wilden Tieren unterscheiden. Woher kommt es, meint ihr, dass der edle Verstand, das innere Auge, so erbärmlich blind ist, dass es das wahre Licht nicht sieht? Dieser elende Schaden wurde dem inneren Auge durch eine dicke, grobe Haut zugefügt, die darüber gespannt ist. Es ist die süchtige Liebe zum Geschöpf, zu sich selbst oder zu etwas von uns selbst. Dadurch sind die Menschen blind, in welchem Zustand sie sich auch befinden, sei er weltlich oder geistig. In diesem Zustand empfangen sie dann die heiligen Kräfte. Und je öfter das geschieht, umso tauber und blinder werden sie und umso dicker wird die Haut. Wie kommt es, dass der Mensch praktisch den Seelengrund nicht erreichen kann? Das verursachen die vielen, so schrecklich dicken Häute, die darüber gespannt sind, so dick wie die Stirnhaut eines Zugpferdes. Diese Häute haben sie innerlich so zugedeckt, dass weder Gott noch der Mensch selbst hineinkommen kann. Der Eingang ist zugewachsen.

Viele Menschen scheinen wohl dreißig

Ach, es ist doch wahrlich erbärmlich und se beklagenswert, dass jemand sich unter geis tigen Leuten aufhält, aber nur klagt und ein nutzloses Leben führt. Und dann kommen diese eingebildeten Leu mit ihrer Arroganz u sagen: „Dies oder jene ist so oder so!" Und s urteilen über alles und jeden nach ihrer eigen Ansicht und ihrem eigenen Sinn und Auftr ten. Vierzig Jahre trugen sie ein geistlich Kleid und wissen noc immer nicht, um was es geht.

60

oder vierzig solcher Häute zu haben. Dick, grob und undurchdringlich wir Bärenhäute.

Was sind das für Häute? Eine solche Haut ist jedes Ding, dem ihr euch aus freiem Willen überlasst. Es ist zum Beispiel der Drang, selbstsüchtige Worte zu äußern, oder alles, was ihr tut, um die Gunst eines Menschen zu erlangen. Aber auch die spontane Abweisung eines Menschen sowie Hochmut, Eigensinn, Gebundenheit an das eine oder andere, das nichts mit Gott zu tun hat, Härte, Leichtfertigkeit, Gleichgültigkeit im Verhalten und dergleichen. All das sind dicke Häute, die sehr hinderlich sind und dem Menschen die Sicht verdecken. Sobald er sich darüber jedoch schmerzliche Rechenschaft gibt und sich Gott gegenüber demütig seiner Mängel bewusst ist – besser noch, sich so weit es möglich ist zur Umkehr entschließt, dann wird alles gut. Aber zu vielen Menschen kann man sagen, was man will, sie verstehen nicht mehr davon, als wenn sie schliefen, so sehr sind die Häute über ihre Augen gespannt. Von ihren Abgöttern wollen sie nicht lassen, wie sie auch sein mögen. (Auszug aus Predigt 51)

Außerhalb des Lichtes stehen

Das Wasser im Bad von Bethesda, das Genesung brachte, war von fünf Säulengalerien umgeben. Die erste war Demut, die zweite eifriges Ausharren im wahren Grund. Die dritte der fünf Säulengalerien war echtes, tatsächliches Bereuen der Sünden. Aber was ist das? Es bedeutet, sich vollkommen und wahrhaft von allem abwenden, was nicht rein göttlich ist oder dessen wahre Ursache nicht Gott ist, und sich wahrhaft vollkommen Gott zuwenden mit allem, was man ist. Das allein ist der Kern und das Mark der Reue. Und dann müsst ihr mit einem unerschütterlichen Vertrauen in der liebevollen, reinen Güte versinken, die Gott ist. Ihr müsst stets mehr bei und in ihm bleiben wollen und ihm mit Liebe und ehrlichen

Absichten treu sein. Ihr müsst völlig bereit sein, den liebreichen Willen Gottes zu tun, soweit ein Mensch das kann. Freunde, das ist wahrhaftige Reue. Wer so bereut, dem werden zweifellos seine Sünden vergeben. Je mehr jemand so bereut, desto umfassender, wahrhaftiger und mehr wird ihm vergeben. Die vierte Säulengalerie bedeutet freiwillige Armut, so wenig zu haben, dass Gott unseren wahren Grund besitzen kann, wie Paulus sagt: „Die nichts haben und doch alle Dinge besitzen." Die fünfte Galerie bedeutet: Der Mensch sollte fortwährend alles so Gott opfern, dass er alles, was er von Gott empfing, wieder an den Ursprung, den Grund, aus dem es entstanden ist, zurückgibt. (Auszug aus Predigt 8)

Die wesentliche Bekehrung
Paulus sagt: „Erneuert euch aber im Geist eures Gemüts." (Eph. 4/23) Der Geist des Menschen wird auf verschiedene Weise angedeutet, entsprechend der Art seiner Aktivitäten und der Aspekte seiner Verhältnisse. Oft wird der Geist „Seele" genannt, das heißt, sofern er dem Körper Leben schenkt. So gesehen befindet sich der Geist in allen unseren Gliedmaßen, denen er Leben und Bewegung schenkt. Hin und wieder wird die Seele auch „Geist" genannt und zwar dann, wenn sie eine alles Maß übersteigende Verwandtschaft mit Gott besitzt. Denn Gott ist Geist, und die Seele ist Geist, und infolgedessen neigt sie ewig dazu, auf den Grund zurückzublicken, aus dem sie entstanden ist. Da sie als Geist seinesgleichen ist, fühlt der Geist sich zu seinem Ursprung – ihrer Gleichheit – zurückgezogen. Diese Neigung erlischt niemals, auch nicht bei einem Verdammten.
Die Seele wird ebenfalls „Herz" genannt. Das Herz ist etwas Kostbares. Alle Vermögen sind darin konzentriert, zum Beispiel Verstand und Wille. Aber es selbst steht darüber, es besitzt mehr als diese Vermögen. Wenn mit dem Herzen alles in Ordnung ist,

fühlt es sich gedrängt, sich über den eigenen Grund zu beugen, in dem das Bild ruht, das all seine Vermögen übersteigt. Was das Herz dann tut, übertrifft an Adel und Erhabenheit die Vermögen so sehr wie der ganze Inhalt eines großen Weinfasses einen Tropfen Wein. In diesem Herzen müssen wir uns „erneuern", indem wir uns immer wieder über den Grund beugen und uns unmittelbar Gott zuwenden mit tatkräftiger Liebe und Zuneigung.

Die Kraft, um zu Gott zurückzukehren, muss sich aber im Herzen befinden. Denn das Herz kann seine Anhänglichkeit an Gott ohne Unterbrechung bewahren und seine Zuneigung in Stand halten. Die Vermögen dagegen sind nicht fähig, in gleichbleibender Anhänglichkeit in sich selbst zu verharren. Darum muss also Erneuerung im Geist des Herzens stattfinden. Da Gott Geist ist, muss der erschaffene Geist sich mit ihm vereinen. Und das Herz muss sich erheben und mit einem von allem Eigenen befreiten Grund im unerschaffenen Geist Gottes versinken. So wie der Mensch vor seiner Erschaffung in der Ewigkeit Gott in Gott war, so muss er nun in seiner Erschaffenheit ganz und erneut in Gott versinken. Wenn der Geist des Menschen mit seinem inneren Wesen völlig in Gott versinkt, mit Gott innerlich verschmilzt, dann wird er dadurch erneuert, neu gebildet. Und je geregelter und reiner dieser Weg gegangen wird, desto mehr wird der Geist des Menschen überströmt und umgeformt vom Geist Gottes. Gott ergießt sich in diesen Geist auf dieselbe Weise, wie die Sonne ihren Glanz in der Luft verbreitet. Dann wird die Luft ganz vom Licht erfüllt. Kein Auge kann dann noch Licht und Luft unterscheiden oder feststellen, wo die Trennung zwischen beiden liegt. Und wer sollte fähig sein, eine Trennungslinie zu ziehen in dieser göttlichen, übernatürlichen Einswerdung, in welcher der Geist in den Abgrund seines Ursprungs gezogen und aufgenommen wird? Wahr-

haftig, wenn wir den erschaffenen Geist in dem unerschaffenen Geist erkennen könnten, würden wir zweifellos meinen, Gott selbst zu sehen.

In dieser Erneuerung und Einkehr erhebt sich der erschaffene Geist immer wieder über sich selbst – höher
als ein Adler sich zur herrlichen Sonne erhebt – zu
dem Feuer darüber. So schwingt sich auch der Geist
der göttlichen Dunkelheit entgegen nach den Worten
Hiobs, „... dem Manne, dessen Weg verborgen ist
und vor ihm von Gott bedeckt ward" (Hiob 3/23).
Das ist die Dunkelheit des unbekannten Göttlichen:
Gott ist über alles erhaben, was wir über ihn sagen
können. Er ist ohne Namen, ohne Form, ohne Bild,
jenseits jeder Art des Seins. Das ist die wesentliche
Bekehrung.

(Zusammenfassung aus Predigt 70)

Wer aufmerksam darauf achtet, wird erkennen, dass
dieser Grund bis zu den Vermögen unter ihm aus-
strahlt. Wenn der Mensch darauf bedacht wäre,
würde er nicht aufhören, diese höheren und niederen
Vermögen mitzuziehen zu ihrem Beginn, ihrem Ursprung. Wenn er nur bei sich selbst bliebe und auf die
liebevolle Stimme hören würde, die in die Einsamkeit
– in den Grund der Seele – ruft und alles stets mehr
in ihn hineinführt. In dieser Verlassenheit herrscht
eine solche Einsamkeit, dass kein Gedanke dort eindringen kann. Und bestimmt kann kein einziger all
dieser verstandesmäßigen Gedanken über die heilige
Dreifaltigkeit, mit denen sich so viele beschäftigen, jemals diese Einsamkeit erreichen! Nein, ganz entschieden nicht, dazu ist sie zu innerlich und tiefge-
hend. Sie besitzt weder Zeit noch Ort, ist einfach und
ohne Unterschied. Wenn jemand auf dem rechten
Weg dort eintritt, dann ist es für ihn, als wäre er ewig
dort gewesen, dann ist er eins mit Gott, obwohl es
doch nur um Augenblicke geht.
Aber diese Augenblicke werden als Ewigkeit erfahren

und gleichen auch einer Ewigkeit. Das zeigt und bezeugt, dass der Mensch, bevor er erschaffen wurde, in aller Ewigkeit in Gott gewesen ist. Und als er in ihm war, da war der Mensch Gott in Gott.

Johannes schreibt: „Alles, was vollkommen ist, lebt in Ihm (Gott)." Das, was der Mensch jetzt in seiner Erschaffenheit ist, das war er – unerschaffen – vom Beginn an in Gott und war mit ihm ein Wesen. Und solange der Mensch nicht zu diesem Zustand der Bildlosigkeit zurückkehrt, aus dem er ursprünglich hervorgegangen ist – also vom Unerschaffenen zum Erschaffenen –, kann er niemals zu Gott zurückkehren. Er muss all seine Neigungen, seine Gebundenheiten und seine Eigenliebe ablegen, nämlich alles, was den Grund der Seele durch die eine oder andere Sucht des „Habenwollens" besudelt.

Dazu gehört alles, was der Mensch je aus freiem Willen in seinem Geist – oder seiner menschlichen Natur zustimmend – sein Eigentum genannt hat, alles, was je auf ungeregelte Weise Zugang zu ihm gefunden hat, also wissentlich und willentlich angenommen wurde. Kurz gesagt, solange das alles nicht vollkommen ausgetrieben wurde und nicht mehr wird wie damals, als der Mensch aus Gott hervorkam, solange kann er nicht zu seinem Ursprung zurückkehren.

Mit dem hier immer wieder erwähnten „Grund" waren auch die Heiden bereits vertraut. Sie verschmähten vollkommen die vergänglichen Dinge und weihten sich diesem Grund. Damals haben die großen Meister Proclus und Plato es allen deutlich erklärt, die es nicht selbst entdecken konnten. Augustinus sagte sogar, dass Plato das Evangelium „Im Anfang war das Wort" schon vollständig formulierte und ihm seinen Platz zuwies. „Es ward ein Mensch von Gott gesandt." Das waren zwar unklare, verschleierte Worte, aber die Heiden haben die Lehre von der heiligen Dreifaltigkeit entdeckt! Das wurde ihnen aus

diesem inneren Grund geschenkt, denn sie lebten
dafür und beschirmten ihn auch. Es ist doch wohl
eine tiefe Schmach und eine große Schande: Wir
armen Hinterbliebenen, die wir uns selbst Christen
nennen und soviel Hilfe erhielten – wie Gottes
Gnade, den heiligen Glauben und viele andere große
Hilfsmittel –, rennen wie kopflose Hühner umher, erkennen unser eigenes Selbst, das in uns ist, nicht und
wissen absolut nichts davon! Das ist die Folge unseres
zerstreuten und nach außen gerichteten Wesens. Wir
sind stets irgendwo beschäftigt und legen viel zu viel
Nachdruck auf die Sinnesorgane und auf unsere
guten Vorsätze wie Nachtwachen, Psalmen hersagen
und ähnliche Übungen, die uns so stark in Anspruch
nehmen, dass wir nicht mehr zu uns selbst kommen.
Dionysos sagte: „Wenn im Grund der Seele das ewige
Wort gesprochen wird und der Grund bereit und
empfänglich ist, um dieses Wort als Ganzes aufzunehmen und es nicht nur teilweise, sondern vollständig zur Geburt zu bringen, dann wird der Grund
im Wesentlichen eins mit dem Wort – wenn der
Grund auch in dieser neuen Einheit seinen eigenen
Charakter behält. Davon zeugte unser Herr mit den
Worten „... auf dass sie alle eins seien, gleich wie du,
Vater, in mir und ich in dir." (Joh.17/21) Und zu Augustinus sagte er: „Du sollst in mir umgewandelt werden." Das kann niemand erreichen, es sei denn durch
die Liebe. Johannes der Täufer sagte von sich, dass er
die Stimme eines Rufers in der Wüste sei: „Bereitet
dem Herrn den Weg und macht recht seine Steige."
(Matth. 3/3) Damit sind die Pfade der Tugend gemeint, und diese Pfade muss man auch im Inneren
ebnen. Es muss auf die Wege des menschlichen
Geistes zu Gott geachtet werden und auf die, welche
von Gott zu uns führen. Denn diese verborgenen
Wege können nur behutsam und mit Erkenntnis gegangen werden. Darum kehren viele um und hören
mit den Übungen und den äußeren Werken auf. Sie

gleichen jenem Menschen, der nach Rom wollte, das im Süden, hinter den Bergen liegt, jedoch nach Norden in Richtung Holland wanderte. Je weiter er kam, umso mehr entfernte er sich von seinem Ziel. (Zusammenfassung aus Predigt 44)

Die Echtheit eures Lebens

Fasten, wachen und schweigen

Jetzt will ich euch sagen, wie man üben muss, innerlich und äußerlich, im Geist und im Körper. Wenn man guten Wein besitzt, muss man auch ein schönes Fass haben, um ihn aufzubewahren. So ermöglicht ein gesunder Körper einen guten, gesunden Grund, gute Werke, gute Übungen. Die Übungen sind fasten, wachen und schweigen. Aber wie muss gefastet werden? Jene, die es können, ohne geschwächt zu werden, mögen sich an das von der Regel vorgeschriebene Fasten halten; aber ich dringe nicht darauf. Eure Methode sollte sein: Esst morgens, was ihr nötig habt, abends jedoch sehr wenig. Das ist gut für Geist und Körper. Dabei überlasse ich es eurer Entscheidung, wie gut das Essen am Morgen sein muss, je nachdem, wessen ihr bedürft und was euch nützt. Außerdem solltet ihr abends zeitig zur Ruhe gehen und zwar unmittelbar nach den Gebeten. Dann seid ihr nach Mitternacht umso frischer und könnt euch umso bewusster Gott zuwenden. Bleibt dann noch ungefähr für die Zeit einer gesungenen Messe im Chor und weiht euch eurem Herzen und eurem Grund. Wenn ihr euch jedoch benommen im Kopf und müde fühlt, dann geht zurück in eure Zelle. Dort werdet ihr am wenigstens gestört. Geht ins Bett oder legt euch darauf und kehrt in euch selbst ein. In

Wir wollen und wollten stets etwas sein. Der eine will den anderen immer übertreffen. Aller Streit und alle Mühe kommen daher, dass man groß, reich, hochgestellt und mächtig sein will. Alles Leid entsteht allein daraus, dass wir etwas sein wollen. Das Nicht-Sein sollte mit allen Lebensweisen, allen Orten und allen Menschen vollständig, wirklich und ewig Frieden haben. Das wäre das Seligste, Sicherste und Edelste, was diese Welt besitzen kann. Aber niemand will sich daran halten, sei er nun reich oder arm, jung oder alt.

einer bequemen Haltung gelingt das besser als anders. Denn wenn euer Körper ruhelos ist und euch behindert, wird es schwierig und lenkt ab. Ihr fallt nun leichter – und fester – in Schlaf. Zur Ruhe gekommen, müsst ihr dann den Vers erwägen: „Offenbart dem Herrn euren Weg und vertraut auf ihn, er wird es wohl in Ordnung bringen."

Was bedeutet es, dass ihr dem Herrn euren Weg offenbaren müsst? Ihm sind doch alle Dinge offenbar und bekannt! Es bedeutet, dass ihr für euch selbst den Weg freilegen und erkennen müsst, welches euer Weg ist. Der erste Schritt in dieser Erwägung ist: eure Fehler einsehen und gründlich bekennen. Auf diese Weise beginnen alle auserwählten Gottesfreunde. Eure Fehler, welche auch immer, müsst ihr Gott bekennen. Und dann müsst ihr ihm als eurem einzigen Freund ehrlich sagen und vorlegen, welche Gnade oder Tugend ihr verlangt – oder was es sonst noch sein mag. All eure Kümmernisse und Fehler müsst ihr ihm bekennen und unbesorgt anvertrauen. „Er wird es wohl in Ordnung bringen." Wollt ihr eure Sünden ausgelöscht sehen und Gnade empfangen, dann erwartet es nur von ihm. Ihm könnt ihr voll vertrauen, wenn ihr nun nicht mehr falsch leben wollt. So werden Tugenden erworben und Untugenden abgelegt.

Wenn wir uns nun aber auf die beschriebene Weise nach innen wandten und in unseren Herzen nichts Besonderes erfahren haben, dann müssen wir in Gottes Namen doch wieder für uns selbst mit den guten Übungen fortfahren, an die wir gewöhnt sind, von welcher Art sie auch sein mögen, und von denen wir uns am meisten angezogen fühlen: zum Beispiel die Betrachtung des Lebens unseres Herrn, seiner Leiden oder seiner Wunden. Das muss jedoch geschehen, ohne uns selbst zu suchen. Und wenn Gott uns dann nach innen ziehen will, müssen wir ihm sogleich folgen. Zieht Gott uns noch stärker nach innen, dann dürfen wir nicht mit unseren sinnesorganischen Vermögen versuchen herauszufinden, was das genau ist und wie es geht. Wir müssen alles in aller Einfalt Gott überlassen und uns ihm anvertrauen. Er wird richtig handeln, darauf verlassen wir uns! Steigt der Gedanke in uns auf, für jemanden zu bitten, oder denkt ihr an eure Mängel, dann bietet ihm diese Gedanken in aller Einfalt an: „Vertraue auf ihn, er wird es in Ordnung bringen."

Lasst euch nicht von schwermütigen Gedanken überwältigen, denn das behindert euch in allem Guten. Wenn ihr gewahr werdet, dass Gott euch nach innen ziehen will, dann lasst alles fallen. Folgt allein Gott, lasst alle Vorstellungen in Form von Bildern los. Kommen Gedanken dazwischen, welche auch immer, lasst sie fallen – sogar wenn es göttliche Erleuchtungen sein sollten. Macht auch mit euren Sinnesorganen nichts Großes daraus. Mit all dem kommt ihr doch nicht zum Ziel, schiebt es Gott zu: „Er wird es wohl in Ordnung bringen." (Dank dieser inneren Übung hat man sich mit Gott vereint, werden Körper und Verstand geläutert, der Geist gestärkt und man selbst jeden Tag friedlicher, freundlicher und ruhiger. Auch die Werke werden davon günstig beeinflusst, wenn man sich zuvor auf das vorbereitet hat, was man tun will und seine Lebensweise auf die Tugenden gründet. Dann sind die Werke – wenn es soweit kommt – tugendsam und von Gott erfüllt.) Geschieht es euch, dass ihr während eurer Einkehr ein bisschen einschlaft oder ungewollt einnickt, dann müsst ihr euch deswegen nicht beunruhigen, eine schlummernde Einkehr ist oft besser als eine äußere, für die Sinnesorgane greifbare Übung im hellwachen Zustand. Beginnt erneut: „Erhebt das Herz zu Gott!" Zu Gott kommt man nie zu oft. Stellt euren Grund auf ihn ein und sprecht mit dem Propheten: „Meine Augen suchen dein Angesicht; wende dein Angesicht nicht von mir ab." Wendet also eure Augen, euren be-

freiten Grund, Gott zu. Wenn das namenlose Innere
sich so innig Gott anbietet, dann bietet sich danach –
oder gleichzeitig – alles an, was im Menschen einen
Namen hat, und antwortet dem, was in Gott ist. Dem
gegenüber bietet sich das Ungenannte und Unbekannte sowie alles, was in Gott einen Namen hat,
dem Menschen in seinem Grund an. Dazu ist es von
größtem Vorteil, dass der äußere Mensch sich in
Ruhe befindet, schweigt und nichts Äußerliches ihn
stört, auch nichts, was seinen Körper betrifft. Dieser
Ruhe wegen wird Gott euch das Himmelreich geben
und sich selbst.

Darum flehe ich euch in Gottes Namen an, die Vor-
schrift des Schweigens zu allen Zeiten einzuhalten
und euch von allen Menschen fern zu halten, vor
allem von jenen, die nicht das erstreben und suchen,
was euer Ziel ist, wie oder was diese Menschen auch
sein mögen. Mit ihnen müsst ihr nicht viel sprechen,
höchstens ein freundliches „Ja" oder „Nein". Rügen
sie euch wegen eurer Handlungsweise, dann müsst
ihr sie reden lassen – es sei denn, diese Menschen
wollen euch auf dem Weg zu Gott folgen. Ich bitte
und rate euch: Lasst keinen Fremden, dessen Grund
ihr nicht kennt, in das Innere eurer Seele eindringen.
Haltet euch frei von jedem menschlichen Einfluss,
wenn ihr euch nicht verirren wollt. Ihr habt soviel gehört und besitzt soviel Geschriebenes, dass es genug
für euch ist. Bleibt bei euch selbst und wendet euch
nicht jenen zu, die mit großen Worten fechten. Bleibt
bei eurem inneren Menschen. Kehrt bei all eurem
Eifer und euren Übungen in eure Seele ein und
haltet euch nicht an den äußerlichen Übungen fest.
Geht in den inneren Menschen und verrichtet von
dort aus euer Werk, ob es nun um die Betrachtung
der erhabensten Dinge geht oder um das ebenso erhabene und ehrwürdige Leiden Jesu Christi. Ihr
müsst mit aller Verehrung die fünf heiligen Liebeszei-
chen betrachten. Begrabt eure Habsucht in der

Wunde des heiligen linken Fußes, die Leidenschaft des Zorns in der Wunde des rechten Fußes. Legt euren Eigensinn in die Wunde der rechten Hand. Nehmt dann all eure Sinnesvermögen und lasst euren Verstand in der Wunde der linken Hand versinken. Dann wird Christus euren inneren Menschen leiten und führen mit der Kraft dieser Hand. Danach eilt mit eurem Liebesvermögen in sein göttliches durchbohrtes, liebevolles Herz. Er wird sich dort mit euch vereinigen und eure Liebe und eure Neigungen bis in den tiefsten Seelengrund von dem lösen, was er als reines und göttliches Wesen selbst nicht ist. Er möge euch ganz in sich hineinziehen mit all euren inneren und äußeren Vermögen und zwar mit all seinen Wunden und seinem bitteren, großen Leiden. Das alles müsst ihr mit innigem Eifer tun. Möge Gott es in all seiner Herrlichkeit in euch vollbringen. (Zusammenfassung aus Predigt 80)

Die innere und äußere Lebenshaltung in der Praxis
Objekt ohne Titel und Thema ist der Name eines Büchleins über vier deutlich beschriebene besorgniserregende Versuchungen und die Übungen, um sie zu vermeiden und zu überwinden. Dieses Büchlein spricht den Leser auf nützliche, notwendige und liebevolle Weise an. Es unterscheidet sich feinsinnig von allen deutschen Büchern, die sich an den Verstand wenden, hinsichtlich der Vorbilder für ein inneres, verzichtendes, geistiges Leben.
Im Namen der Weisheit unseres Herrn Jesus Christus: Lasst alle, die dieses Büchlein lesen oder denen es vorgelesen wird, wissen, dass die hier folgende Lehre die ganze reine, einfache Wahrheit ist. Es muss sorgfältig gelesen werden von jenen, die ihr eigenes Selbst noch nicht aus freiem Willen völlig verleugnet oder losgelassen haben, jedoch jetzt und in Zukunft durch eine Übung ihrem Fleisch und Blut, ihren Sinnen und ihrem Verstand nach absterben wollen. Hierzu

werden sie nämlich von Gott und seinen vertrauten Freunden ermahnt und getrieben.

In der Welt bedrohen uns vier ernsthafte Versuchungen. Die erste enthält, dass wir auf das Äußere gerichtet leben. Das geschieht durch die natürliche Einsicht der Seele und dadurch, dass wir alles, was innerlich und geistig ist, vernachlässigen. So verkümmern wir geistig. Wir denken nicht daran, dass wir Gott unaufhörlich lieben müssen mit einer großen inneren Liebe, aktiv und bewusst. Nach ihm allein müssen wir dürsten in einem reinen, einfachen Verlangen und in einer echten, aufrechten Hingabe an seinen geliebten Willen. Und das müssen wir durchhalten, ob wir nun bestimmte materielle und geistige Dinge besitzen oder auch vermissen müssen.

Die zweite Versuchung sind die inneren und äußeren Offenbarungen, Erleuchtungen, Erscheinungen, Stimmen und Visionen, die uns auf seltsame, ungewohnte Weise überkommen. Wenn Gott seinen Freunden auch von Zeit zu Zeit einen Teil der Wahrheit offenbart, so dürfen wir dem doch nicht allzu schnell glauben und vertrauen. Denn für einen Menschen, der zu viel Wert darauf legt, ist der geistige Nutzen gering. Es schadet ihm vielmehr auf allerlei Weise ernsthaft – geistig und auch körperlich.

Die dritte Versuchung ist das Prunken mit verstandesmäßiger Kenntnis. Wir

Viele Wege bedenken die Menschen, um dieses Ziel zu erreichen: Einer will ein Jahr lang von Wasser und Brot leben, der andere will auf Pilgerfahrt gehen, heute dieses, morgen das. Ich will euch den kürzesten und einfachsten Weg sagen: Kehrt ein in das Tiefste eurer Seele und prüft, was euch am meisten hindert und vom Ziel zurückhält. Darauf richtet den Blick. Werft diesen Stein in den Rhein, wo er am tiefsten ist. Sonst könnt ihr bis ans Ende der Welt gehen und alles Mögliche tun, es hilft euch nichts. Das Messer, welches das Fleisch vom Knochen trennt, heißt: sterben dem eigenen Willen und dem Verlangen nach, etwas Eigenes zu besitzen. Viele Menschen töten die Natur, aber lassen die Mängel leben. Daraus wird nie etwas.

äußern sie alle, und zwar unterschiedlich, aber wir müssen darauf achten, was dabei innerlich in unserem Verstand geschieht. Lassen wir uns nicht zu viel von der großen Befriedigung leiten, die von der natürlichen Einsicht ausgeht, wobei wir nicht zugeben wollen, wie selbstzufrieden wir sind. Alle Menschen neigen von Natur aus dazu. Aber diese Versuchung wirkt noch ärger bei Menschen, die sich nicht selbst verleugnen können. Die Folgen sind dann geistiger Hochmut, ein Leben ohne Richtung und ernsthafte Verfehlungen auf geistigem Gebiet.

Die vierte Versuchung ist innere leere, blinde Bequemlichkeit ohne tatkräftige Liebe und ohne Verlangen. Man bleibt dann buchstäblich auf seinem Platz und beschäftigt sich zu seinem eigenen Schaden nur mit sich selbst. Es ist eine Art Hindämmern und Versinken in sich selbst. So etwas geschieht meistens bei jemandem, der erst beginnt oder noch jung ist, und bei Menschen, die nichts durchsetzen.

Jene, die sich auf übertriebene Weise dieser Übung widmen, erwarten zuviel davon und wollen sich ihr stets hingeben, als wäre es der Friede und die Gabe Gottes selbst. Darin werden sie jedoch schwer enttäuscht, denn ihre eigene Natur und der böse Geist haben es ihnen geraten, um sie auf beängstigende Weise in Versuchung zu bringen.

Der Mensch jedoch, der diesen Versuchungen entkommen will, muss ehrlich Gott gegenüber und zu seinem eigenen Nutzen nach der hier beschriebenen Lehre leben. Er wird sie regelmäßig und ernsthaft - innerlich und äußerlich - praktisch anwenden sowie fleißig und verständig die Werke Gottes in sich beobachten. Diese Methode und die anderen äußeren und inneren Dinge, die ihn am meisten zu guten Werken und zur Liebe Gott gegenüber inspirieren, darf er nicht so schnell wieder loslassen. In dem Moment, da ihm etwas Höheres gezeigt und mitgeteilt wird, werden sie von selbst von ihm abfallen.

Solange er noch nicht vierzig Jahre alt ist, sollte er – innerlich und äußerlich – nicht allzu viel Vertrauen setzen in den Frieden, die Weltentsagung und die Macht, die er über sich selbst besitzt. Denn dann ist das alles noch sehr stark mit der Natur vermischt. Er muss mehr Vertrauen in die tatkräftige Liebe haben und sich darauf verlassen – innerlich und äußerlich. Er muss sich auch damit abfinden, dass ihm jedes Gefühl für eine in ihm wirkende Liebe und innere Ruhe fehlt. Darin muss er sich in Geduld üben, sanftmütig und demütig sein.

Wenn Gott es fügt – oder wenn jemand die Liebe nach Vermögen ernsthaft ausgeübt und gesucht hat –, dann kann er umso geduldiger sein und entbehren. Dass alle Menschen sich nicht zu früh auf den Besitz des geistigen Friedens verlassen oder ihn erwarten sollten, bestätigt Gregor von Nazianz (329-390). Er sagt, dass die Priester des Alten Bundes erst mit fünfzig Jahren zum Tempelhüter wurden. Solange sie dieses Alter noch nicht erreicht hatten, waren sie nur Arbeiter im Tempel und mussten üben.

Aber wie alt ein Mensch auch ist: Wenn er sich ernsthaft in der Hingabe an sein tiefstes Inneres übt, in Einfachheit und mit einer reinen, auf Gott gerichteten Einstellung, demütig und ehrfürchtig, dann erhält er einmal Anteil an einem unaussprechlichen, ungekannten Reichtum durch die Vereinigung mit Gott. Während er sich von Zeit zu Zeit in empfangener Liebe und innerer Freude im inneren Grund verliert, ruht er darin selbstverloren und selbstvergessen.

Um eine solche Ordnung aller äußeren Tugenden zu erreichen, muss der Mensch den Verstand mit all seinen Gaben als dienstbaren Knecht nutzen, jedoch die intime Gemeinschaft mit Gott muss dem Verstand selbst unbekannt bleiben. Darüber sagt Dionysos: „Lass alles Sinnesorganische und Verstandesmäßige los und gehe ohne Kenntnis auf in der

Vereinigung mit Gott. Denn sie übersteigt allen Verstand."

Wer sich so innerlich dieser Ordnung fügt, ihm wird ohne die Hilfe des Verstandes der innere Ort gezeigt, an dem die göttliche Einheit wohnt und ruht. Er darf dieses Schauspiel genießen; aber eine solche Erfahrung ist bei keinem Menschen vor seinem fünfzigsten Lebensjahr zu erwarten.

Wer nun die hier bereits und immer wieder beschriebene Lehre verstehen, Gott gegenüber ehrlich sein und auch für sich selbst nützlich leben will, muss sich mit feurigem Ernst und demütig darin üben und sich im Gebet innerlich Gott zuwenden. Er muss Gott darum bitten, dass ihm die Wahrheiten der Lehre klar werden, sofern es Gottes heiliger Wille und für ihn selbst notwendig ist. Dazu helfe uns die ewige Weisheit, Jesus Christus. Amen.

(Zusammenfassung aus Predigt 84)

*Die natürlichen Tugenden, die Haupttugenden
und die übernatürlichen Tugenden*

In der Pfingstperiode feiern wir das Fest des Heiligen Geistes, der gesandt wurde und den die Jünger auf besondere Weise in ihrem Inneren aufnahmen. Und das musste wohl so sein, denn sie standen am Beginn. Mit ihnen begann ein neues Sein. Daher war diese Art des Empfangens notwendig um jener willen, die nach ihnen kommen sollten. Je länger sie auf Erden lebten, umso mehr wuchsen sie fortwährend im Empfangen des Heiligen Geistes. Darum muss jeder Freund Gottes dieses liebliche Fest jeden Tag und in jedem Moment so feiern, dass er den Heiligen Geist jeden Moment wieder empfängt. Je besser er sich darauf vorbereitet und je empfänglicher er ist und sich darauf richtet, umso vollkommener wird er den Heiligen Geist in sich empfangen. Denn die Sendung, die am heiligen Pfingsttag den Jüngern übertragen wurde, vollzieht sich auf geistige Weise jeden Tag wieder an allen, die sich gründlich darauf vorbereiten.

Der Heilige Geist kommt also ausdrücklich – und stets mit neuen Gaben und mit besonderer Gunst – solange wir leben, uns ihm innerlich zuwenden und innerlich bereit sind, ihn zu empfangen. Die Art, in welcher der Heilige Geist erwartet wird, ist jedoch bei jedem Menschen unterschiedlich. Der eine empfängt den Heiligen Geist in seinen Sinnesorganen. Er stellt ihn sich sinnesorganisch vor. Ein anderer nimmt ihn auf eine viel edlere Weise auf: in seinen höheren und verstandesmäßigen Vermögen. Er empfängt ihn also mit seinem Verstand, was über die Aufnahme mit den Sinnesorganen weit hinausgeht. Und ein dritter empfängt ihn nicht nur so, sondern nimmt ihn auch in dem verborgenen Abgrund auf, in dem stillen Reich, dem lieblichen Grund, wo das Ebenbild der heiligen Drei-Einheit verborgen ist – im edelsten Teil seiner Seele. Auf welch liebliche Weise findet der Heilige Geist dort einen Wohnort! Und auch seine Gaben werden dort auf vortreffliche, göttliche Weise empfangen! Immer wieder, wenn jemand mit dem Licht seines Verstandes in diesen Grund blickt und sich Gott zuwendet, findet eine Erneuerung statt, ein erneutes Einatmen des Heiligen Geistes – jeden Augenblick. So jemand empfängt immer wieder neue Gaben und Gnaden. Daher muss er in wahrhaftiger

Als Gott alle Dinge erschaffen wollte, hatte er nur das Nichts vor sich. So schuf er alle Dinge aus dem Nichts. Wenn Gott auf die ihm eigene Weise wirken will, hat er nichts anderes nötig, als das Nichts.

Das Nichts ist geeigneter als alles, was ist, um auf „gelassene" Weise die Werke Gottes zu erfahren. Wollt ihr ohne Unterbrechung immer empfänglich sein für alles, was Gott seinen auserkorenen Freunden geben kann oder will und in ihnen bewirkt im Sein und im Leben? Wollt ihr, dass er euch mit seinen Gaben überströmt? Erkennt vor allem, dass ihr im Grunde nichts seid. Denn gerade unsere Selbstsucht und der Mangel an Abstand hindern Gott, sein edles Werk in uns auszuführen.

Loslösung und mit Ernst sein ganzes Tun und Lassen überblicken und überprüfen: was er sagt und tut und wie es geschieht; ob er sich nicht in etwas befindet, das nicht Gottes ist und ob all sein Streben allein auf ihn gerichtet ist. Findet er etwas, das nicht in Gott ist, dann muss sein Verstand das in Ordnung bringen und in gute Bahnen leiten. Denn das Licht des Verstandes muss doch mit seinen Strahlen den natürlichen Tugenden weiter helfen: Demut, Sanftmut, Güte, Barmherzigkeit, Schweigsamkeit usw. lassen erkennen, ob wir unseren Ursprung in Gott haben.

Denn das Licht muss auch die sittlichen Tugenden im Menschen durchleuchten: Weisheit, Gerechtigkeit, Stärke und Mäßigkeit. Sie werden Haupt- oder Kardinaltugenden genannt. Auch ihre Ausübung muss vom Licht des Verstandes auf ihre reinen Absichten hin betrachtet und von ihm geführt und geregelt werden, um ihnen den rechten Platz im Plan Gottes zuzuweisen. So können sie in Gott und aus Gott ausgeübt werden. Stellt der Heilige Geist fest, dass der Mensch nun das Seine getan hat, dann überstrahlt er mit seinem Licht das natürliche Licht. Der Geist überstrahlt ihn dann mit den übernatürlichen Tugenden – Glaube, Hoffnung, Liebe – und mit seiner Gnade. So wird der Mensch frei, reif und edel. Aber das alles muss vom Verstand gut durchleuchtet werden. Nur allzu oft sieht es so aus, als glaubtet ihr, was Gott beabsichtigt; geht ihr dem jedoch auf den Grund, entdeckt ihr, dass es nicht so ist. (Zusammenfassung aus Predigt 23)

Alles, was ihr tun könnt, ist, den Heiligen Geist sein Werk ausführen zu lassen und ihn dabei nicht zu behindern, dann wird er euch vollkommen erfüllen. Sobald ihr euch in eurem äußeren Verhalten behutsam und feurig zeigt, so wie es zu Gottes Geist passt, in Wort und Tat, auf allen Gebieten, von allen Geschöpfen gelöst und in Stille, wird der Heilige Geist große Dinge in euch als nach innen gekehrten Menschen vollbringen, auch wenn ihr selbst absolut nichts davon wisst. Genauso wie die Seele auf verborgene Weise dem Körper das Leben schenkt, ohne dass der Körper etwas davon fühlt oder weiß, wirkt der Heilige Geist im Geist und Grund des Menschen, ohne dass dieser es erkennt. Sollte der Mensch doch etwas davon wahrnehmen, dann geschieht das mit den Vermögen, die in den Grund eingekehrt sind, in dem der Heilige Geist wohnt und wirkt. Würde ein Narr sich dessen gewahr werden, dann würde er sofort darüber herfallen, um das Wirken des Heiligen Geistes sich selbst zuzuschreiben und so alles zu zerstören. Menschen tun das, weil sie dabei ein maßloses Entzücken empfinden und sich unermesslich froh fühlen, denn das ist eine Freude, die alle Freuden der Welt weit übertrifft. Aber wenn wir dann das Wirken des Heiligen Geists uns selbst zuschreiben, vernichten wir es gleichzeitig vollkommen. Es geht nicht so, wie der Mensch es sich ausdenkt. Dafür ist eine reine Seele notwendig, jemand, der sich selbst aufgegeben hat, um den Heiligen Geist auf die rechte Weise nach seiner edlen Art und seinem Plan entsprechend wirken zu lassen. Und ihr dürft ihn in seiner Arbeit nicht behindern, indem ihr in euren Bemühungen nachlasst. Wenn der Mensch jemals vollkommen werden und so gut wie möglich vorankommen will, dann muss er zwei Punkte beachten: Der eine ist, innerlich frei und leer zu werden von allen erschaffenen Dingen und vom eigenen Selbst. Außerdem muss er den äußeren und inneren Menschen in Ordnung halten. So wird der Heilige Geist durch euch nicht in seinem Wirken behindert. Der zweite Punkt ist: alle Schwierigkeiten, woher sie auch kommen mögen – von außen oder von innen, was es auch sein mag –, von Gott anzunehmen, ohne sich dagegen zu wehren und nicht anders herum. Denn Gott will damit euer Selbst für sich bereiten – und für seine großen Gaben, die übernatürlich und wunderbar sind. Das werdet ihr nie erreichen, ohne zu leiden und ohne dass der Feind oder feindlich gesinnte Menschen dazu – von außen her – beitragen. Wenn ihr den Heiligen Geist auf diese Weise erwartet, dürft ihr nicht meinen, dass eure äußeren guten Werke eine Behinderung für das Empfangen des Heiligen Geistes sein könnten. Zum Beispiel euer Gehorsam, das Singen und Rezitieren, euer Dienst am Nächsten oder eure karitative Arbeit. Nein, wir können uns nicht jeder Handlung enthalten, um nur noch abzuwarten. Wer Gott von Herzen liebt und nach ihm verlangt, wird alles aus Liebe und Gott zu Ehren im rechten Maß tun, so wie es auf ihn zukommt oder Gott es ihm zuschiebt. Es geschieht also aus Liebe, mit sanftmütiger Güte, in ruhiger Hingabe und zum Frieden eurer Nächsten.

Nicht die Werke behindern euch, sondern deren ungeregelte Ausführung. Das müsst ihr ablegen. Ihr müsst in all eurem Tun ganz auf Gott und nichts anderes gerichtet sein. Achtet also auf euch selbst; beschirmt euren Geist und lasst darin keine Verwirrung zu. Achtet auch auf das, was ihr sagt und auf euer äußeres Verhalten. Dann ist sichere Ruhe in all eurem Tun und Lassen. Dann kommt der heilige Geist zu euch, erfüllt euch, wohnt in euch und wird in euch Wunder tun – wenn ihr seine Anweisungen beachtet. Möge das uns allen zuteil werden und dazu helfe uns Gott.

(Zusammenfassung aus Predigt 25)

Der Friede in unserer Arbeit kommt von innen.
Seht, wenn ich kein Priester wäre und nicht in einem Kloster lebte, würde ich es gut finden, Schuhe herstellen zu können. Das würde ich lieber tun als was auch immer. Denn ich würde mein Brot gern mit den Händen verdienen. Es gibt keine Arbeit, wie einfach sie auch sein mag, keine noch so bescheidene Hand-

fertigkeit, auf welche die Menschen herabblicken, die nicht absolut von Gott kommt, also ein Beweis seiner besonderen Gunst ist. Jeder muss für seinen Nächsten das tun, was andere nicht so gut können und ihm aus Liebe Gunst über Gunst erweisen. Ihr wisst, dass jemand, der sich nicht anstrengt, nichts gibt und nichts für seinen Nächsten tut, Gott darüber streng Rechenschaft geben muss. Im Evangelium heißt es doch, dass jeder für seine Obrigkeit verantwortlich ist und Rechenschaft darüber ablegen muss. Er ist verpflichtet, was er von Gott empfangen hat, an einen seiner Brüder weiterzugeben, so gut, wie er nur kann und Gott es ihm gegeben hat. Warum wird soviel darüber geklagt und beschwert sich jeder über seine Arbeit? Sie ist ihm doch von Gott gegeben, und der legt niemandem ein Hindernis in den Weg. Warum dann der innere Protest so vieler Menschen? Kommt die Arbeit nicht aus Gottes Geist?

Und doch wird sie nicht gewürdigt und verursacht Unzufriedenheit! Aber nicht die Arbeit macht die Menschen unzufrieden, sondern die Unruhe, die das Werk begleitet. Führtet ihr euer Werk so aus, wie es recht und billig ist, dann hättet ihr allein Gott im Sinn und nichts von euch selbst.

Dann wäret ihr nicht darauf begierig, dass es euch gefiele, oder fürchtet nicht, dass ihr es unangenehm finden würdet. Ihr solltet bei eurem Werk

Zum Frieden, den die wahren Freunde Gottes besitzen, gesellt sich auch teilweise Unfriede. Das ist die Ausbreitung des Netzes. Das heißt, sie können für Gott nicht so viel bedeuten, als sie sollten, und Gott ist für sie nicht so viel, dass sie vollkommen genug daran haben. Kinder, ihr könnt dessen sicher sein, wenn der Mensch wirklich diesen Grund erreicht, dann muss dieses Netz zerreißen. Meint nun nicht, dass ich auch nur ein bisschen annehme, soweit gekommen zu sein. Obwohl kein einziger Lehrer etwas lehren könnte, was er nicht selbst durchlebt hat. Aber es kann genügen, es zu lieben, danach zu verlangen und nichts zu unternehmen, was dagegen wirken würde. Anders geht es nicht. Das müsst ihr wissen.

nicht darauf achten, ob es euch Vorteil oder Freude bringt. Ihr solltet euch nie mit Vorwürfen oder Gewissensbissen beschäftigen.

Ein geistiger Mensch sollte sich wirklich schämen, sein Werk mit so falschen und unreinen Absichten auszuführen, dass er sagen müsste, dass seine Arbeit ihm die Ruhe raubt.

Denn auf diese Weise kann jemand selbst merken, dass er sein Werk weder in Gott noch mit den rechten Absichten ausgeführt hat – also nicht aus echter, reiner Liebe zu Gott und zum Nutzen des Nächsten. Daran, ob ihr Frieden bei eurer Arbeit bewahrt habt oder nicht, könnt und müsst ihr erkennen, ob ihr wirklich allein auf Gott gerichtet euer Werk ausgeführt habt. Wir müssen gute, nützliche Arbeit leisten, so wie sie uns zufällt. Die Sorge dafür müssen wir Gott überlassen und unser Werk sehr bescheiden und in Stille tun. Wir müssen in uns selbst bleiben, Gott in uns dabei einbeziehen, oft auf ihn in unserem Inneren blicken – in uns eingekehrt, sehr innig und andächtig. Wir müssen aber auch stets uns selbst prüfen und das, was uns zu diesem Werk antreibt und uns dazu geneigt macht. Gleichzeitig müssen wir sehr tief in unserem Inneren darauf achten, wann der Geist Gottes uns zum Ruhen oder zum Arbeiten drängt. Immer wieder müssen wir seinem Antrieb folgen und so handeln, wie der Heilige Geist es uns eingibt: eine Weile ruhen, dann wieder arbeiten und so unser Werk erfüllt von gutem Willen und in Frieden vollbringen. Wenn ihr in eurer Nähe einen alten, schwachen Menschen oder einen Invaliden wahrnehmt, müsst ihr ihm helfen, noch ehe er darum bittet. Wir müssen gleichsam miteinander um die Gelegenheit wetteifern, ein Werk der Liebe zu tun. Einer trage die Lasten des anderen.

Geschieht das nicht, dann wird Gott euch gewiss nehmen, was ihr habt und es einem anderen geben, der seine Gabe besser nutzt. Euch wird er arm an Tu-

gend und auch an Gnade zurücklassen. Erfahrt bei
eurer Arbeit, dass ihr innerlich berührt seid. Gebt bei
eurer Arbeit fortwährend Obacht und lernt so, Gott
in euer Werk aufzunehmen, und entzieht euch nicht
plötzlich dieser Berührung. So lernen wir, uns in den
Tugenden zu üben. Denn üben müsst ihr, wenn ihr
einmal ein Meister werden wollt. Aber erwartet nicht,
dass Gott euch die Tugenden eingibt, dass Vater,
Sohn und Heiliger Geist in jemand einziehen, der
nicht eifrig die Tugenden ausübt. Ihr würdet am
liebsten zu Gunsten der Betrachtung von aller Arbeit
befreit sein. Das sagt ihr wenigstens, aber es ähnelt
mehr der Faulheit. Jeder will Auge sein, betrachten
und nicht arbeiten. Ich kenne jemanden, der ein
wahrer Freund Gottes ist. Er war sein ganzes Leben
lang ein Bauer, mindestens vierzig Jahre lang, und ist
es noch. Er fragte Gott, ob er seine Arbeit drangeben
und zur Kirche gehen solle. Da sprach dieser: Nein,
das solle er nicht tun; er solle im Schweiße seines An-
gesichts sein Brot gewinnen, zu Ehren des Herrn.
Wohl müssen wir uns tagsüber oder nachts die Zeit
nehmen, um uns in diesen Grund versenken zu
können – jeder auf seine Weise.
Die bevorrechtigten Menschen, die sich rein, ohne
Bilder oder Formen in Gott versenken können,
mögen das auf ihre Weise tun. Die anderen sollten,
jeder nach seiner Art, eine gute Stunde dieser Übung
weihen. Wir können nicht alle Auge sein, uns nicht
alle der Betrachtung widmen. Daher müssen die anderen eifrig sein in den Tugendübungen, die Gott für
sie bestimmt hat, und zwar mit einer großen Liebe in
Frieden und Güte nach Gottes Willen. Wer Gott
nach dessen Willen dient, dem wird Gott seinem
menschlichen Willen nach antworten. Wer jedoch
Gott nach seinem eigenen, menschlichen Willen
dient, dem wird Gott nicht antworten nach seinem
menschlichen Willen, sondern nach seinem eigenen,
nach Gottes Willen. Denn aus der Negation des ei-

genen Willens entsteht ein wesentlicher Friede, der also durch die Ausübung der Tugend erworben wurde. Und ihr könnt dessen sicher sein: Jeder Friede, der nicht durch Ausübung der Tugend entsteht, ist trügerisch. Der Friede muss durch Übung im Inneren und im Äußeren errungen werden. Diesen von innen kommenden Frieden kann niemand euch nehmen.

(Zusammenfassung aus Predigt 47)

Wenn der Mensch die Einkehr in sein Innerstes übt,
findet das menschliche Ich für sich selbst nichts.
Das Ich würde gern etwas haben,
und es würde gern etwas wissen,
und es würde gern etwas wollen.

Es fällt dem Menschen nicht leicht,
dieses dreifache „Etwas" in sich sterben zu lassen.
Das gelingt nicht an einem Tag,
auch nicht in kurzer Zeit.
Man muss darin ausharren,
dann wird es schließlich licht und freudevoll.

Möge der Mensch doch seine Idee von den Dingen loslassen,
seinen Tempel leer und rein halten.
Denn erst wenn der wahre Tempel leer ist
und die Fantasien, die ihn besetzten, ausgeschlossen sind,
könnt ihr ein Gotteshaus werden
und nicht eher, was ihr auch tut.

Endlich werdet ihr Herzensfrieden kennen und Freude.
Nichts von dem wird euch mehr stören,
das euch stets beunruhigte, bedrückte und leiden ließ.

Das Seelenfest

Es ist besser, sich selbst einmal loszulassen,
als zehn andere Dinge zu tun.

Wem es gelingen sollte, gründliche Kenntnis über
sein eigenes „Nichtssein" zu erlangen, der hätte den
nächsten, kürzesten, richtigsten und sichersten Weg
zu der höchsten und tiefsten Wahrheit gefunden, die
wir auf Erden entdecken können. Niemand ist zu alt,
zu schwach, zu unentwickelt oder zu jung, zu arm
oder zu reich, um diesen Weg einzuschlagen. Und
der Weg heißt: „Ich bin nichts."
Oh, welch ein unsagbares Leben liegt in diesem „Ich
bin nichts". Wie schade, dass niemand diesen Weg
wählt, wohin man auch blickt. Gott möge mir vergeben, dass ich das sage! Wirklich, wir sind und wir
wollen und wollten stets „etwas" sein, „jemand" in
den Augen der anderen. Dadurch sind die Menschen
so befangen und gefesselt, dass niemand sich selbst
loslassen will. Es fällt dem Menschen leichter, zehn
andere Dinge zu tun, als sich einmal gründlich selbst
loszulassen. Und daher kommt aller Streit, alles
Elend, all das Jammern und Klagen. Darum
schreiben einige, dass sie die Menschen für gottlos
und gnadenlos halten, lieblos und ohne jede Tugend.
Darum finden wir keinen Frieden, weder innen noch
in unserer Umgebung. Nur diesem Umstand müssen
wir all das zuschreiben, in dem wir Gott und Menschen gegenüber versagen. Es entsteht nur dadurch,
dass wir „etwas" sein wollen! Oh, „nichts zu sein"
würde dann auch überall echten, vollen, wesentlichen, ewigen Frieden mit allen Menschen bedeuten.
Es wäre das Seligste, Sicherste, Edelste, was diese
Welt besitzen könnte. Und doch will sich niemand
darum bemühen, weder Reich noch Arm, weder
Jung noch Alt. Hört nun gut: Solange ihr in eurem
Fleisch noch ein Tröpfchen Blut besitzt oder Mark in
euren Knochen, ohne das zu nutzen, um die wahre

Übergabe zu erreichen, solange könnt ihr euch nicht anmaßen zu meinen, ein absolut hingebungsvoller Mensch zu sein. Denn solange euch das allerletzte Quäntchen echter Hingabe fehlt, um voranzukommen, wird Gott ewig fernbleiben. Die tiefste und höchste Seligkeit werdet ihr dann in Zeit und Ewigkeit nicht erfahren. Das Saatkorn muss notwendigerweise zu Grunde gehen, wenn die Frucht hervorgebracht werden soll. Nur wenn es stirbt, bringt es viele und große Früchte hervor. Auch in dieser Hinsicht muss ein Sterben, eine Selbstvernichtung, stattfinden. „Ich bin nichts" muss eine Tatsache werden.

Wahrhaftig, bei Gott, der die Wahrheit ist: Das zu wünschen und danach zu verlangen ist nicht genug. Ihr müsst es unter Anspannung all eurer Kräfte erwerben. Die Mühe müsst ihr auf euch nehmen. Was nichts kostet, ist nichts wert. Oh, kehrt in euch selbst ein und erkennt, wie weit ihr noch von dem inneren Bild Jesu Christi entfernt seid und wie wenig ihr ihm erst gleicht. Sein Leiden war größer und ging tiefer als alle Leiden zusammen, die Menschen in dieser Zeitlichkeit ertragen haben oder noch ertragen werden. Viele wollen sich wohl Gott ausliefern, aber nicht den Menschen. Sie wollen, dass Gott es ihnen schwierig macht, aber nicht die Menschen. Nein, wir müssen uns so hingeben, wie Gott es will. Und jemand, der so gut ist, euch erkennen zu lassen, dass ihr „nichts" seid, dem müsst ihr mit großer Dankbarkeit und Liebe begegnen, denn er erinnert euch an das, was ihr wirklich seid: „Nichts". Mögen wir alle diese Vernichtung erreichen und so im göttlichen Sein versinken. Dazu helfe uns Gott.

(Auszug aus Predigt 77)

Was Gott sucht und will, ist ein bescheidener, sanftmütiger Mensch, ein armer und reiner Mensch, ein Mensch, der sich hingegeben hat und in dieser Hingabe unerschütterlich ausharrt. Das bedeutet nicht, dass wir dabei stillsitzen und uns eine Decke über den Kopf ziehen, entschieden nicht! Ihr müsst euch von Gott suchen lassen, kneten lassen, vernichten lassen. Dann lernt ihr Bescheidenheit in allen Situationen des Lebens, wo und durch wen sie auch passieren. Wer etwas sucht, was er verloren hat, sucht es nicht nur an einer Stelle, sondern an vielen Orten, hier und da, bis er es findet. Seht, so muss auch Gott auf viele Arten nach euch suchen können. Und lasst euch nur auf alle Arten finden, in allem, was euch überkommt, woher es auch stammt und von wem er es nur will. Wenn ihr auch niedergeschlagen und erniedrigt werdet, nehmt es als von Gott gesandt an. Auf solche Weise sucht er euch. Gott will einen armen Menschen: Gebt euch ihm hin! Sie können euch euren Besitz nehmen oder euren Freund, eure Familie, euren „Schatz" – was es auch sei, dem euer Herz gehört. Denn das geschieht, um euch zu befähigen, euren Grund nackt und arm Gott zu übergeben. Darin sucht Gott euch: Lasst euch finden! Gott will einen reinen Menschen, den sucht er. Darum sucht er euch mit so vielen unangenehmen Dingen heim. Was auch kommt, Schießereien oder Fliegen, und von wem es auch kommt, von Freund oder Feind, Mutter oder Schwester, Nichte oder Tante, lernt einzusehen, dass alles, was euch schmerzhaft trifft oder berührt, niemals von Menschen kommt, sondern allein und nur von Gott. Lasst Gott euch suchen. Wenn jemand eine Wunde mit einer bösartigen Entzündung hat, dann lässt er sich operieren – was sehr schmerzhaft ist – und auch an allerlei anderen Stellen behandeln, um zu vermeiden, dass es schlimmer wird. Er erspart sich selbst nichts: Wenn das Böse nur herauskommt und er selbst gesund wird. Auf die gleiche Weise müsst ihr die Katastrophen ertragen, durch die Gott euch sucht. Dann wird euer Seelengrund vollkommen gesund und heil für alle Ewigkeit. Wenn euch unerwartet Leiden überfällt, ob von

innen oder von außen, dann sagt zu ihm: „Sei willkommen, mein lieber, treuer Freund. Hierin hatte ich
dich nicht erwartet." Und empfangt es mit einer demütigen Verbeugung. Hört also: Gott sucht euch in
allen Dingen. Er will hingebungsvolle Menschen besitzen. Gut denn, gebt euch Gott hin und werdet so
ein hingebungsvoller Mensch.
(Zusammenfassung aus Predigt 36)

Als Gott alle Dinge erschaffen und formen wollte,
hatte er nichts vor sich als das Nichts. Allein damit
schuf er etwas. Er erschuf alle Dinge aus dem Nichts.
Wenn Gott auf seine eigene Weise etwas erschaffen
will, hat er nichts anderes nötig als das Nichts. Das
Nichts ist – mehr als alles, was ist – geeignet, auf pas-
sive Weise Gottes Wirken zu erfahren. Wollt ihr stets
und ununterbrochen empfänglich sein für alles, was
Gott seinen auserwählten Freunden an Sein und
Leben geben und in ihnen erschaffen kann und will?
Wollt ihr, dass er euch mit seinen Gaben überströmt?
Dann müsst ihr vor allem versuchen zu verstehen,
dass ihr im Grunde wirklich „Nichts" seid. Denn unsere Selbstsucht und unser Mangel an Selbstverleug-
nung ver-
(Hier bricht der Text ab. P. H.)

Wollt ihr ins Innere Gottes aufgenommen und in ihm
umgeformt werden, dann müsst ihr euch von euch
selbst befreien und alles, was ihr euer Eigen nennt,
loslassen: eure Neigungen, alles, was ihr tut, alles, was
ihr euch anmaßt, kurz gesagt die ganze Art und
Weise, in der ihr euch selbst besessen habt – mit
weniger geht es nicht.
Zwei Wesen und zwei Beschaffenheiten können nicht
gleichzeitig am gleichen Ort nebeneinander bestehen.
Soll Wärme hineinkommen, dann muss das Kalte
notwendigerweise hinaus. Soll Gott hereinkommen,
dann müssen das Erschaffene und alles Eigene den

Platz räumen. Will Gott jedoch in euch wirken, dann muss in euch ein Zustand der reinen Passivität herrschen. All eure Vermögen müssen also vollkommen von allem gereinigt sein, wodurch sie versuchen könnten, sich zu behaupten. Sie müssen sich selbst stets verleugnen, also ihrer Kraft beraubt sein und in diesem nackten „Nichts" ausharren. In diesem Zustand steigt im Menschen – als Folge der Lösung von sich selbst – eine unerträgliche Angst auf. Für ihn wird die weite Welt zu eng. Die menschliche Natur wird dann so in die Enge getrieben und unter Druck gesetzt, dass der Mensch nicht mehr weiß, woran er ist, eine so fremde Angst empfindet er. Ich will euch gern erzählen, was dann geschieht: Ihr verliert euch selbst, darauf läuft es hinaus, denn ihr wollt nicht gern an euch selbst sterben. Dann werden die Paulus-Worte Wirklichkeit: „... sollt ihr des Herrn Tod verkündigen, bis dass er kommt" (1. Kor. 11/26). Diese Verkündigung geschieht nicht mit Worten, nicht mit Gedanken, sondern durch das Sterben, dadurch, dass ihr euer Selbst verliert – so wie auch er gestorben ist. In diesem Stadium können euch drei Dinge behindern, deren ihr euch enthalten müsst: die heiligen Speisen, das Wort Gottes und die Übungen nach eigener Wahl. Denn in diesem Fall bedeutet jede Hilfe Behinderung. Wenn ihr diesen Zustand aushalten könnt, ohne in etwas Äußerliches zu flüchten, dann würde das mehr nützen als alle Aktivitäten. Aber das wollt ihr nicht und lauft euren Lehrmeistern hinterher, dem einen nach dem anderen. Bleibt ihr jedoch ruhig, dann wird das wahre Sein bald in euch geboren. Das fortdauernde Verweilen in dieser Situation kann nicht mit Worten beschrieben werden. Die Natur wehrt sich in Todesangst gegen das Sterben. Die Angst wollt ihr gern loswerden. Daher versucht euer Geist, etwas dagegen „zu tun" und euer eigener „gesunder Verstand" sagt: „Womit beschäftigst du dich? Du musst etwas anderes tun, du verschwendest deine Zeit. Warum erwägst und betest du nicht?" Und der Feind sagt: „Warum sitzt du hier herum? Du solltest zu deinen geistigen Übungen zurückkehren. Stehe auf! Du vertust deine Zeit. Gehe an die eine oder andere Arbeit!" Und dann sind da auch noch die Menschen, die nichts davon verstehen und sagen: „Warum sitzt du hier herum und hörst nicht auf Gottes Wort?" Es sind aber nur die Hunde, die euch aufjagen, und ihr selbst werdet auch Hunde. Ihr bellt euch selbst an und sagt: „Du musst Hilfe suchen an der Tafel des Herrn." Aber in diesem Zustand müsst ihr keine Hilfe suchen. Kommt ihr mit so etwas zu mir und ich kenne euren Zustand, dann werde ich, wenn ihr mich um die heilige Speise bittet, fragen: Wer von den dreien hat euch zu mir gesandt: Gott, eure Natur, für die ihr Hilfe sucht, oder die Gewohnheit?" Stelle ich die beiden letzten Beweggründe bei euch fest, dann werde ich euch die Speise nicht geben, jedenfalls nicht, wenn eure Natur zu schwach ist, um diese Qual ohne Hilfe zu ertragen.

Ihr könntet dann ein- oder zweimal in der Woche zur Tafel des Herrn gehen – nicht um eure Angst los zu werden, sondern um sie besser ertragen zu können und zwar unter der Bedingung, dass eure Angst dadurch nicht verschwinden soll. Ihr müsst nämlich wissen, dass die Geburt Gottes sich nur vollziehen kann, wenn diese Angstqual vorausgeht. Alles, was euch davon befreit, kommt aus euch selbst und beraubt euch der Geburt Gottes, die in euch geschehen wäre, wenn ihr die Angst bis zum Ende ertragen hättet. Die menschliche Natur wagt eher eine Pilgerreise nach Rom, als die Angst bis zum Ende auszuhalten.

Und doch ist das besser als alles, was ihr stattdessen dafür tun könnt. Hier ist „Erleiden" besser als „Tun". Aber ihr denkt zurück an die Süße, die ihr manchmal erfahren habt oder an den Trost, den das Wort Gottes geschenkt hat. Und die arme Natur dreht und wendet sich nach allen Seiten, denn sie würde das alles so gern wieder haben. Versteht mich gut: Ich habe euch nicht verboten, die heiligen Speisen zu euch zu nehmen oder Gottes Wort zu hören! Wahrhaftig nicht! Im Gegenteil: In den ersten Stadien ist nichts nützlicher, um wirklich und feurig voranzuschreiten, als die heiligen Speisen und das Wort Gottes. Aber in diesem Stadium bedeutet Hilfe eine Behinderung. Wenn jemand darin eine derartige Unterstützung sucht, dann kehrt er gleichsam Gott den Rücken und den Nacken zu, als wolle er sagen: „Ich will nichts mit dir zu tun haben. Ich schaue mich woanders um." Für den Herrn ist das, als ob er erneut gekreuzigt würde, denn dann kann er sein Werk nicht vollenden. Und welch ein großes, unschätzbares Gut habt ihr dann verspielt! (Zusammenfassung aus Predigt 31)

Das Licht der Dinge
Die erste und höchste Geburt ist jene, in welcher der himmlische Vater ein göttliches Sein hervorbringt, ein Licht der Dinge, aber unterschieden als ein eingeborener Sohn. Die zweite Geburt ist die aus der mütterlichen Fruchtbarkeit, die sie in Reinheit und Keuschheit hervorbringt. Die dritte Geburt bedeutet, dass Gott jeden Tag und jede Stunde auf wahrlich geistige Weise in einer guten Seele geboren wird.
In der Heiligen Schrift lesen wir: „Ein Kind ist uns geboren, ein Sohn ist uns geschenkt." Das heißt, er ist einer von uns, uns mehr zu eigen als alles, was „eigen" heißt.
Er wird immer und ohne Unterbrechung in uns und durch uns geboren. Um diese Geburt geht es. Wie können wir erreichen, dass die edle Geburt auch auf edle und fruchtbare Weise in uns stattfindet? Müssen wir es am Charakter der ersten Geburt aus dem Vater ablesen, in welcher der Vater seinen Sohn in Ewigkeit gebiert? Durch den Überfluss seiner reichen und über alles Menschliche erhabenen göttlichen Güte konnte er sich nicht in sich selbst verschlossen

halten. Er musste sich ausgießen und sich mitteilen. Boetius und Valentinus sagen, dass es Gottes Natur und Art ist, sich auszustrahlen und mitzuteilen. Darum hat der Vater sich in die göttlichen Personen ausgestrahlt und weiter in die Geschöpfe. Augustinus sagt auch: „Weil Gott gut ist, darum sind wir. Und alles, was die Geschöpfe an Gutem besitzen, kommt allein aus der wesentlichen Güte Gottes."

Was müssen wir nun von der Geburt aus dem Vater ablesen und lernen? Der Vater – das ist charakteristisch für seine Person – wendet sich mit seinem göttlichen Erkenntnisvermögen sich selbst zu und erkennt in sich selbst deutlich den wesentlichen Abgrund seines ewigen Seins. Mit diesem nackten Durchschauen seiner selbst hat er sich selbst vollkommen ausgesprochen: Und dieses Wort ist sein Sohn. Die Erkenntnis seiner selbst ist die Erweckung seines Sohnes in der Ewigkeit. Er bleibt wesentlich eins in sich selbst und ergießt sich in die von ihm unterschiedenen Personen. Er wendet sich also nach innen, erkennt sich selbst, ergießt sich und erzeugt sein Bild, seinen Sohn, den er in sich erkannt und gesehen hat! Dann kehrt er wieder in sich selbst zurück und empfindet ein vollkommenes Wohlgefühl, und dieses Gefühl gießt sich aus als unaussprechliche Liebe. Das ist der Heilige Geist. Gott bleibt also in sich selbst, ergießt sich und kehrt in sich selbst zurück. Alle Ausgießungen

Christus ist der Weg und die Wahrheit. Er ist das Leben und die Tür, durch die der Mensch, die Natur zerbrechend, eintreten kann. Über jene, die diesen Weg gehen, hat der Papst keine Macht, denn Gott selbst hat ihn „frei gesprochen".

Paulus sagt: „Wer vom Geist Gottes getrieben wird, der ist keinem Gesetz unterworfen." Solchen Menschen wird die Zeit niemals lang, und sie erfahren nie Kummer. Der höhere Teil ihres Wesens ist über die Zeit erhoben, und was den unteren Teil betrifft, sind sie frei und voller Hingabe. Sie nehmen alles von Gott an und tragen auch alles wieder ihm auf. Wie die Dinge auch liegen, sie leben wirklich in Frieden, wenn auch der äußere Mensch viel und bitter leiden muss. Es sind selige Menschen. Wo man sie antrifft, muss man sie loben. Aber ich fürchte, dass sie dünn gesät sind.

dienen daher der Rückkehr. Darum ist der Kreislauf des Sternenhimmels das Edelste und absolut Vollkommene, denn er kehrt genau zum ursprünglichen Beginn zurück, von dem er ausgegangen ist. Darum ist auch der Kreislauf des Menschen edel und vollkommen, wenn er nur wirklich wieder zu seinem Ursprung zurückkehrt. Dieser ganz eigenen Art des Wirkens des himmlischen Vaters muss auch der Mensch folgen, wenn er auf geistige Weise eine Mutter dieser göttlichen Geburt werden will. Er kehrt dann vollkommen in sich selbst ein und tritt danach aus sich selbst heraus. Aber wie?

Die Seele besitzt drei edle Vermögen, wodurch sie ein wahrhaftiges Bild der Dreifaltigkeit ist: Gedächtnis, Erkenntnisvermögen und freien Willen. Dadurch ist sie fähig, in die Ewigkeit zu blicken, denn die Seele ist zwischen Zeit und Ewigkeit erschaffen. Mit dem Höheren in sich gehört sie zum Ewigen. Mit dem Niederen in sich – damit sind die sinnesorganischen, tierischen Vermögen gemeint – gehört sie zum Zeitlichen. Jetzt hat die Seele sich mit ihren niederen und höheren Vermögen auf zeitliche Dinge gerichtet, denn höhere und niedere Vermögen sind miteinander verbunden.

Dadurch kann die Seele sich sehr leicht zwischen den sinnlichen Dingen bewegen und neigt dazu, darin aufzugehen. So verliert sie das Ewige. Es muss also wirklich und unausweichlich eine Rückkehr stattfinden, wenn die neue Geburt stattfinden soll. Absolute Einkehr, Konzentration und innere Bündelung aller höheren und niederen Vermögen sind notwendig. Sie müssen gegen alle Zerstreuungen zusammenarbeiten, denn zusammen sind sie stärker als jedes für sich. So schließt auch der Schütze, der genau treffen will, ein Auge, um mit dem anderen schärfer zu sehen. Wer etwas gründlich erkennen will, richtet alle seine Vermögen darauf. Er zieht sie in der Seele zusammen, aus der sie entstanden sind. So wie alle

Zweige eines Baumes aus einem Stamm hervorsprie-
ßen, so werden alle Kräfte der Seele – Sinnesorgane,
Gefühl und Durchsetzungsvermögen – in den höheren Vermögen, dem Seelengrund, konzentriert.
Das ist Einkehr. Dann bleibt nur noch, rein auf Gott
gerichtet zu bleiben. Das heißt, nichts selbst sein oder
werden oder erreichen zu wollen, sondern nur ihm
anzugehören und Raum zu schaffen für ihn, welcher
der Erhabenste und für uns Nächste ist. Dann kann
sein Wirken in uns fruchtbar sein, dann kann seine
Geburt in uns stattfinden und nicht durch uns behindert werden. Wenn zwei Dinge eins werden müssen,
dann muss das eine passiv bleiben, während das andere aktiv ist. Wenn mein Auge ein Bild an der Wand
oder etwas anderes sehen will, dann muss das Auge
selbst von allen Bildern frei sein. Hat das Auge ein
Bild von bestimmter Farbe in sich, dann sieht es
keine andere Farbe mehr. So kann auch das Ohr,
wenn es einen Ton hört, keinen anderen mehr auffangen. Also: Um etwas aufnehmen zu können, muss
jedes andere Ding weichen, damit es frei und unbehindert geschieht. Augustinus sagt darüber: „Werde
leer, um gefüllt werden zu können, gehe nach drau-
ßen, um eintreten zu können." Und an anderer
Stelle: „Edle Seele, edles Geschöpf, warum suchst du
außen ihn, der vollkommen in aller Wahrhaftigkeit
und ganz unverhüllt in dir ist. Warum musst du dich
noch mit all diesen Geschöpfen beschäftigen, während du an der göttlichen Natur teilhast?"
Wenn der Mensch diesen Ort, diesen Grund, gut vorbereitet hat, dann wird Gott ihn zweifellos vollkommen erfüllen. Wenn der Himmel zerspringen
sollte, würde dieser luftleere Raum sofort aufgefüllt.
So lässt auch Gott die Dinge nicht leer, denn das
würde absolut im Widerspruch zu seinem Wesen und
seiner Gerechtigkeit stehen. Darum müsst ihr
Schweigen üben. Dann kann das Wort, das geboren
werden muss, in euch gesprochen und in euren

Worten vernommen werden. Denn es ist entschieden so: Wenn ihr sprechen wollt, ist Gott gezwungen, zu schweigen! Wir können dem Wort nicht besser dienen als durch Schweigen und Lauschen. Wenn ihr dem Wort in eurer Seele Raum gebt, dann wird es euch ohne Zweifel vollkommen erfüllen: Im gleichen Maß, wie ihr Raum dafür schafft, strömt etwas von seinem Wesen in euch ein – nicht mehr und nicht weniger. Dieses tiefe Schweigen müsst ihr immer mehr in euch entstehen lassen. Es muss eine Gewohnheit in euch werden, so dass aus der Gewohnheit eine feste Eigenschaft in euch wird. Wer darin geübt ist, für den ist das nichts Besonderes, aber für jemand, der es nicht geübt hat, scheint es total unmöglich zu sein. Durch das Üben werdet ihr geschickt darin. Mögen wir uns nun alle darauf vorbereiten, die edle Geburt in uns stattfinden zu lassen, so dass wir wirklich geistige Mütter werden. Dazu helfe uns Gott.
(Zusammenfassung aus Predigt 1)

„Und wer nicht sein Kreuz auf sich nimmt und folgt mir nach, der ist meiner nicht wert." (Matth. 10/38) Das „Kreuz" ist hier der gekreuzigte Heiland. Er wird in uns geboren, wenn wir das „Kreuz" durch all unsere Vermögen hin tragen, unseren Verstand, unseren Willen, den äußeren Menschen und unsere Sinnesorgane. Das gilt besonders für die folgenden vier Vermögen: Das erste ist die äußere Begehrlichkeit: Durch sie müssen wir das „Kreuz" hindurchtragen, damit es geboren werden kann. Paulus sagte: „Welche aber Christo angehören, die kreuzigen ihr Fleisch samt den Lüsten und Begierden." (Gal. 7/24) Die Lüste müssen gezähmt und beherrscht werden.
Das zweite Vermögen ist der Zorn. Wir müssen erreichen, dass wir uns in allen Dingen aufgeben können. Wir müssen stets meinen, dass ein anderer mehr Recht hat als wir selbst. Dann enthalten wir uns des Streites, brausen nicht auf, sondern lernen, uns selbst

aufzugeben, still und freundlich zu sein, woher der Wind auch weht. Ein Beispiel: Wir befinden uns in einer Gesellschaft, und es sind einige dabei, die viel schwatzen und kaum den Mund halten können. Auch dann müssen wir lernen, uns selbst aufzugeben, müssen es ertragen und in uns selbst einkehren. Wenn jemand eine Fertigkeit besitzen, sie aber nicht erlernen will – zum Beispiel Ringkämpfer werden, aber nicht kämpfen lernen will –, dann kann er schwere Verletzungen davontragen, wenn er diese Fertigkeit ausübt, ohne sie gelernt zu haben. Darum müssen wir auch unter allen Umständen kämpfen lernen. Die beiden anderen Vermögen, durch die wir das „Kreuz" hindurchtragen müssen, damit es in uns geboren werden kann, sind feinerer Art. Es sind der Verstand und die inneren geistigen Begierden. Kurz gesagt: Wenn wir das „Kreuz" durch den ganzen inneren und äußeren Menschen tragen, wird er, der Andere, in uns und außerhalb von uns geboren. So werden wir erneut geboren als Frucht seines Geistes, wie es heißt: „Ihr werdet sein wie neugeborene Kinder." Mögen wir dem „Kreuz", das Christus selbst ist, so treu sein, dass er ohne Unterbrechung stets neu in uns geboren wird. Dazu helfe uns Gott.
(Zusammenfassung aus Predigt 58)

In der Vereinigung zu „Nichts" verschmelzen
Die großen Theologen und Autoren disputieren über die Frage, was wichtiger und edler ist, Erkenntnis oder Liebe. Wir wollen uns hier lieber damit beschäftigen, was die Praxis uns lehrt. Wenn wir in den Himmel kommen, werden wir wohl die Wahrheit über diese Dinge erfahren. Unser Herr hat gesagt: „Ein Ding ist notwendig." Welches Ding ist es? Dieses Eine besteht darin, dass ihr erkennt, wer ihr selbst seid, nämlich euer eigenes „Nichts"! Um dieses Eine habt ihr unserem Herrn eine solche Angst eingejagt, dass er Blut geschwitzt hat. Weil ihr das Eine nicht

wolltet, hat er am Kreuz gerufen: „Mein Gott, mein Gott, warum hast du mich verlassen?" (Matth. 27/46) Denn dieses Eine, das notwendig ist, wurde von allen Menschen vernachlässigt! Lasst also dafür alles andere los, alles, was ich selbst und alle Lehrmeister euch stets gelehrt haben, alles, was sie über das aktive und kontemplative Leben und die erhabene Betrachtung gesagt haben, und lernt nur das Eine und werdet es! Dann habt ihr es gut getan!

Es gibt immer Menschen, die über prächtige, übernatürliche und außergewöhnlich erhabene Dinge so scharfsinnig reden, als ob sie selbst über alle Himmel hinausgestiegen wären. Dabei haben sie selbst noch keinen Schritt in die Richtung der Erkenntnis ihres eigenen „Nichts" gesetzt.

Um euch selbst wirklich klein zu sehen, müsst ihr im göttlichen Abgrund versinken, dem inneren Abgrund Gottes. Dort ertrinkt ihr in der vollständigen und wirklichen Grenzenlosigkeit seines Selbstes. „Der eine Abgrund ruft den anderen auf." Der erschaffene Abgrund zieht uns durch seine Tiefe an. Seine Tiefe und das „Nichts", das darin entdeckt wird, ziehen den unerschaffenen Abgrund zu sich. Der eine fließt über den anderen, und es entsteht ein Einziges: das eine „Nichts" in dem anderen. Das ist das „Nichts", das Dionysos meinte, als er sagte, dass Gott nichts von allem ist, was wir benennen, erkennen und verstehen können.

Dort wird der menschliche Geist vollkommen dem Göttlichen ausgeliefert. Wenn Gott ihn ganz vernichten wollte – und der Mensch in dieser Vereinigung vernichtet werden könnte –, dann sollte der Mensch es aus Liebe zu dem „Nichts", mit dem er verschmolzen ist, geschehen lassen. Denn er weiß nichts mehr, liebt und fühlt nichts mehr als das Eine. Selig sind die Augen, die so sehend geworden sind! Von solchen Menschen könnte der Herr wohl sagen: „Selig sind die Augen, die da sehen, was ihr seht!"

(Luk. 10/23) Könnten wir doch alle selig werden, indem wir wirklich unser eigenes „Nichts" erkennen! (Zusammenfassung aus Predigt 51)

Das wahre Fest des inneren Lebens
Unser Herr sprach: „Meine Zeit ist noch nicht da; aber eure Zeit ist immer bereit. [...]Gehet ihr hinauf zum Fest; ich gehe nicht zu diesem Fest hinauf, denn meine Zeit ist noch nicht erfüllt." (Joh. 7/6 u. 8) Welches Fest ist es, zu dem zu gehen der Herr uns befiehlt und für das es stets Zeit ist? Es ist das höchste, wahrste und abschließende Fest des ewigen Lebens, die ewige Seligkeit, in der Gott wahrhaftig anwesend ist. Das kann hier nicht sein, sondern das Fest, das wir bereits hier feiern können, ist ein kleiner Vorgeschmack des anderen, ein inneres Erfreuen, ein inneres Spüren der Gegenwart Gottes im Geist. Es ist die Zeit, die für uns immer gekommen ist: Gott suchen und lieben, seine Gegenwart erfahren in allem, was wir in unserem Leben tun. So müssen wir uns über uns selbst erheben sowie über alles, was nicht Gott ist. Wir müssen ihn allein wollen, ihn allein lieben und nichts anderes. Diese Zeit ist immer unsere Zeit. Nach diesem wahren Fest des ewigen Lebens verlangen alle Menschen von Natur aus, denn alle Menschen wollen natürlich glücklich werden. Aber dieses Verlangen genügt nicht. Wir müssen nach Gott streben und suchen um seiner selbst willen. Diesen Vorgeschmack des großen Festes würden viele Menschen auch gern haben, und sie klagen, dass es ihnen nicht zuteil wird. Finden sie, wenn sie bitten, in ihrem Grund nicht die höchste Freude und fühlen sie auch Gottes Gegenwart nicht, dann verdrießt sie das und sie werden weniger gern bitten. Weil sie Gott nicht fühlen, widerstrebt ihnen das Arbeiten und Beten, sagen sie. So müssen wir nicht handeln. Darum müssen wir nicht weniger eifrig arbeiten. Darin ist Gott immer anwesend. Auch wenn

wir nichts fühlen, ist er doch heimlich zum Fest gekommen. Wo Gott anwesend ist, dort ist in Wahrheit ein großes Fest. Er kann nicht so einfach wegbleiben und von seinem Kommen absehen. Wo mit einem reinen Herzen nach ihm gestrebt und allein er gesucht wird, da muss er notwendigerweise sein. Wenn er auch auf verborgene Weise anwesend ist; er ist stets da. Wenn wir ihn mit einem reinem Herzen suchen, unsere Gedanken bei all unserem Arbeiten auf ihn gerichtet halten und oft zu ihm einkehren, dann ist das die Zeit, die er meint, wenn er sagt: „Eure Zeit ist immer bereit!" Aber die Zeit, in der er sich offenbaren will und muss, ist nicht immer schon gekommen. Diese Zeit müssen wir ihm überlassen. Zweifellos ist er jedoch heimlich schon da, wo er gesucht wird und man nach ihm strebt. Und darum dürfen wir keine gute Übung weniger gern ausführen. Wir finden ihn schließlich doch, bestimmt, denn er ist da – obwohl noch vor uns verborgen. Dazu dienen auch alle Regeln, Übungen und Aufgaben in unserem heiligen Orden – und in allen anderen Orden, welchen Ursprungs sie auch sein mögen.

In allen unseren Vorschriften und Regeln geht es darum, dass wir allein mit einem reinen Herzen nach Gott streben. Er feiert in uns ein Fest, und mit ihm wird es uns gelingen, einen ungestörten Grund zu besitzen, in dem allein und sehr rein Gott ist.

Der Mensch wähle nachts oder tagsüber einen guten Zeitpunkt an dem er sich völlig in seinen Urgrund vertiefen kann, und zwar jeder auf seine eigene Weise.
Die edelsten Menschen die in Reinheit ohne Bilder und Formen in Gott aufgehen können, müssen es vor allem auf diese Weise tun. Und die anderen sollten sich darin auch am besten eine gute Stunde üben, jeder auf seine eigene Weise [...]
Nehmt vor allem den Grund eures Wesens wahr!

Die äußeren Übungen sind nur Weg und Vorbereitung. Und darin ist nichts vom Gottesfest zu finden, wenn nicht alles Alte versinkt und abgetan ist, so dass das Neue sich im Grund erhebt, und zwar ganz rein. Sonst ist es immer noch wenig oder, richtiger gesagt, nichts. Wir streben danach, dass Gott diesen Grund frei und vollständig besitzt – denn er hat doch sein göttliches Bild hineingelegt – und er in dem wohnt, worauf all seine Liebe und sein Streben sich richtet. Darin geht das Ziel unseres Ordens auf. Es ist das Ziel aller Orden und aller religiösen Gemeinschaften mit ihrer Disziplin, ihren Gesetzen und Vorschriften. Das gilt auch für das Einsiedlerleben und viele andere Lebensweisen, wie sie auch aussehen oder heißen mögen. Dazu dienen die Regeln, die uns gegeben sind, und darauf richten sie sich. Und je mehr sie dazu dienen, desto wertvoller und nützlicher sind sie, umso mehr kann man sie lieben und achten. Benedikt, Augustinus, Bernardus oder Franziskus, allen ging es um diesen wesentlichen Kern, und darauf sind alle äußerlichen Gesetze und Vorschriften gerichtet. Und ich flehe jeden an, folgende Regel gut zu lernen: Liebe Gott aus dem Grund deines Herzens und alle Dinge, sofern sie dazu dienlich sind – sie mögen sein wie sie wollen.

Gewiss und sicher will und wird Gott dann mit uns ein großes und vollkommenes Fest feiern! Wir müssen nun einmal in unserer Ordnung viele Vorschriften erfüllen, in den Chor gehen, singen und rezitieren, ob wir es nun gern tun oder nicht.

Wir sollten es aber lieber frohgemut tun als gleichgültig und mit Widerstand, sonst verpassen wir das ewige hohe Fest noch – oder verlieren es wieder. Natürlich wird jemand, der ohne Todsünde ist und einen festen guten Willen besitzt, so dass er nichts will, was gegen Gottes Willen ist, im heiligen Glauben gerettet. Aber wisset wohl: Wenn ihr stets dieses Liebesfest Gottes mitfeiern wollt – wobei ihr

Gottes Gegenwart erfahrt –, dann müsst ihr ihm eine reine, von keinen fremden Dingen in Anspruch genommene Basis der Seele bieten. Nur so kann euch sein Einwirken erfreuen. Nur das verdient, als wahre Gottesfrucht bezeichnet zu werden: Wenn euch nichts gefällt als Gott und ihr mit eurer Liebe und euren Gedanken nach nichts verlangt als allein nach eurem Gott. Das ist die Berufung zur Liebe, und darum hat der liebevolle Gott uns zu diesem heiligen Orden gerufen. Diesem Ruf wollen wir folgen! Er hat uns von der schlechten, falschen Welt erlöst und zum heiligen Leben der wahren Bekehrung geführt. Was ist das Leben der Bekehrung seinem Wesen nach tatsächlich? Nichts anderes, als eine wirkliche Abkehr von allen Handlungen, die nicht aus Gott sind, und sich vollkommen dem wahren Gut zuwenden, das Gott heißt und ist. Je mehr ein Mensch das besitzt und je mehr er so handelt, desto mehr bekehrt er sich. Und dafür muss jeder ehrlich und zu Recht Gott ungemein dankbar sein; denn er hat euch hierher genötigt und gerufen. Und darum dürft ihr die große sichere Erwartung hegen, dass Gott euch stets bei sich haben will in Ewigkeit. Und es ist auch gut zu sehen, dass er jungen Menschen nahe ist, wenn sie ihre Leidenschaften bezwingen – während sie doch von Natur aus ungezähmt sind und zum Weltlichen neigen. Sie bekehren sich und lassen sich zähmen. Sie folgen Gott und lassen alles, was Geschöpf ist, los. Und obwohl sie noch keine große Erfahrung mit Gott haben, fügen sie sich doch und üben sich in Geduld. Das wäre unmöglich, wenn Gott nicht darin auf verborgene Weise und heimlich anwesend wäre. Nun denn, handelt auch so, zu eurem eigenen Vorteil! Wendet allen Eifer daran, das hohe Lichtfest in Wirklichkeit auch das eure werden zu lassen. Lasst Gott sich in euch enthüllen, und ihr werdet Seligkeit und wahre Freude in euch selbst entdecken. Ihr habt ein ganzes Fest in euch, und ihr werdet es stets erfahren, wenn ihr es wollt und euch in eurer eigenen Erwägung nach innen wendet – auch bei all eurer Arbeit –, wozu ihr doch alle verpflichtet seid. Denn nur dort, wo der Mensch sich als Eigentum Gottes erfährt und keinem andern gehört, wird das wahre hohe Fest Gottes gefunden – liebevoll und wirklich. Gott lässt ihn niemals im Stich und entzieht ihm seine Anwesenheit nicht. Ist das nicht etwas Köstliches?

Es ist ein Leben in Festfreude und Glück! Wir in Gott und Gott in uns – hier im Zeitlichen, dort im Ewigen: ein unsagbares Glück! Dass dieses Glück uns allen zuteil werde, dazu helfe uns Gott.

(Zusammenfassung aus Predigt 12)

Die eine Hilfe

Die drei Kräfte

Der Herr hat gesagt: „Wir reden, was wir wissen, und wir bezeugen, was wir gesehen haben; und doch nehmt ihr unser Zeugnis nicht an. Glaubet ihr nicht, wenn ich euch von irdischen Dingen sage, wie werdet ihr glauben, wenn ich euch von den himmlischen Dingen sagen werde?" (Joh. 3/11,12) Die heilige Dreifaltigkeit ist das Ziel und das Ende des Weges aller Geschöpfe, denn sie ist ein Beginn und ein Ende. Eigentlich können wir kein Wort finden, das genau auf sie passen würde. Dennoch müssen wir etwas sagen über die drei unfassbaren Wesenheiten Gottes, die über alle Wesen erhaben sind. Es ist für jedes Erkenntnisvermögen total unmöglich zu verstehen, wie diese erhabene, wesentliche Einheit einfach sein kann in ihrem Sein, aber dreifach in ihrem Ausdruck. Außerdem verstehen wir nicht, worin der Unterschied zwischen den Personen besteht; wie der Vater seinen Sohn hervorbringt, wie der Sohn vom Vater ausgeht und doch in ihm bleibt. In einer Erkenntnis seiner selbst spricht der Vater sein ewiges Wort. Wie kommt aus der Erkenntnis, die von ihm ausgeht, eine unaussprechliche Liebe hervor: der Heilige Geist? Und weiter: Wie sollen wir verstehen, dass die aus der Dreifaltigkeit entstehenden Mysterien mit einer unaussprechlichen Liebe wieder in ihr ei-

„Selig sind die Augen, die da sehen, was ihr seht." (Luk. 10/23) Diese seligen Augen beziehen sich auf den wunderbaren Adel, die besondere Verwandtschaft, die Gott in den Grund der Seele gelegt hat. Von diesem inneren Adel haben viele Meister gesprochen, unter ihnen auch Meister Eckhart. Er bezeichnete ihn als „Funken in der Seele". Wenn es gut steht mit diesem Funken, schnellt er unmittelbar dorthin, wohin der Verstand ihm nicht folgen kann. Denn dieser Funke ruht erst, wenn er eindringt in den Urgrund, aus dem er einst fortsprang, als er noch in seiner Unerschaffenheit war.

104

genes Selbst zurückkehren und dieses Selbst sich an dieser wesentlichen Einheit erfreut? Wie der Vater ist, so ist auch der Sohn, was Macht, Weisheit und Liebe betrifft. Auch sind der Sohn und der Heilige Geist in der Dreifaltigkeit vollkommen eins. Und doch besteht ein so unsagbar großer Unterschied zwischen ihren Wirkungen, obwohl sie auf eine sinnesorganisch nicht wahrnehmbare Weise aus der Einheit hervorkommen, also von Natur aus eins sind. Wir können noch so erstaunlich viele Worte verwenden und hätten dann immer noch nichts gesagt, was uns helfen würde, diese alles übertreffende, außergewöhnliche Einheit zu verstehen, die sich als Mehrfachheit entfaltet. Aber sorgt nur dafür, dass die heilige Dreifaltigkeit in euch geboren wird, und zwar in eurem Seelengrund. Das muss also nicht verstandesgemäß geschehen, sondern wesentlich, tatsächlich, nicht in eurer Art, darüber zu sprechen, sondern in eurem Sein. Wir müssen sie in uns betrachten und prüfen, ob wir wirklich ein Abbild von ihr sind. Das göttliche Bild finden wir immer echt und wahrhaftig, vollkommen und unverfälscht in der Seele wieder, wenn auch nicht so erhaben, wie es selbst ist.

Nun wollen wir noch weiter über das liebenswerte Bild sprechen, dem wir vor allem unsere Aufmerksamkeit schenken müssen und das auf so liebevolle und besondere Weise in uns ist. Wie erhaben es ist, kann niemand mit deutlichen Worten sagen, denn Gott ist in dem Bild, er ist selbst das Bild, und zwar auf eine Weise, die all unsere sinnesorganischen Vermögen übersteigt. Die Meister wissen dennoch viel über dieses Bild zu berichten. Sie versuchen, auf alle möglichen Arten natürlich zu erklären, was es seinem Wesen nach ist. Sie sagen zum Beispiel immer, dass das Bild sich in den höheren Vermögen befindet, im Gedächtnis, im Verstand und im Willen. Mit diesen Vermögen sollten wir für die heilige Dreifaltigkeit empfänglich sein und uns daran erfreuen können.

Aber das ist nur sehr begrenzt richtig. Es ist nur ein Duplikat dessen, was wir auch auf natürliche Weise in uns entdecken können.

Der Meister Thomas sagt, dass dieses Bild nur dann vollkommen ist, wenn es sich äußert, wenn es in den Vermögen wirkt, also im funktionierenden Gedächtnis, im wirksamen Erkenntnisvermögen und in der angepassten Liebe. Und bei dieser Überlegung belässt er es. Aber andere Lehrer sagen – und das ist sehr viel wichtiger –, dass das Bild der heiligen Dreifaltigkeit im innerlichsten, verborgensten, tiefsten Grund der Seele ruhen sollte. Dort sollte die Seele Gott dem Sein nach besitzen, so wie er wirkt und er selbst ist. Dort wirkt Gott, ist Gott und erfreut sich an sich selbst. Und ihr könntet euch ebenso wenig von diesem Grund lösen, wie er ihn von sich selbst trennen könnte. Und das ist so, weil Gott selbst es von Ewigkeit an so verfügt hat. Er hat es so eingerichtet, dass er sich nicht vom Grund der Seele lösen kann oder will.

Daher sollte dieser Seelengrund in seinen tieferen Lagen aus Gnade alles besitzen, was Gott von Natur aus besitzt. Im gleichen Maß, wie der Mensch sich in diesen Grund vertieft, darin einkehrt, wird diese Gnade geboren. Anders könnte es nicht auf so erhabene Weise geschehen.

Ein heidnischer Lehrmeister, Proklos, sagte: „Solange der Mensch sich mit Bildern beschäftigt, die tiefer stehen als wir selbst, wird er, so meine ich, diesen Grund niemals erreichen."

Für uns scheint die Annahme Aberglaube zu sein, dass sich ein solcher Grund in uns befindet. Wir können nicht glauben, dass so etwas wirklich besteht und in uns ist. „Darum müsst ihr", so sagt Proklos weiter, „alles, was mehrfach ist, fallen lassen, um zu erfahren, dass es diesen Grund gibt, und nur diesen einen Punkt mit den Augen eures Verstandes betrachten. Wollt ihr jedoch höher steigen, dann müsst ihr auch euer verstandesgemäßes Betrachten fallen lassen – denn der Verstand liegt unter euch – und eins werden mit dem Einen." Dieses Eine nennt er „eine göttliche Finsternis, still, schweigend, schlummernd, übersinnlich". Oh, dass ein Heide das schon verstanden hat, darauf gekommen ist! Und dass wir so weit davon entfernt sind und so wenig davon wissen, ist doch wohl eine Zurechtweisung und eine große Schande! Der Herr zeugte von derselben Wahrheit, als er sagte: „Das Reich Gottes ist in uns", das heißt, nur in unserem Inneren, in dem Grund, der frei ist von allen Aktivitäten der Vermögen. Im Evangelium heißt es darüber: „Wir reden, was wir wissen, und wir bezeugen, was wir gesehen haben; und doch nehmt ihr unser Zeugnis nicht an!" (Joh. 3/11,12)

Wie könnte auch der sinnliche, tierische, nur auf das äußere Tun gerichtete Mensch dieses Zeugnis annehmen? Ihr seid so sehr mit äußeren Taten beschäftigt – heute mit diesen, morgen mit jenen – und immer mit euren Sinnesorganen. Aber das ist nicht das Zeugnis, von dem es heißt: „Wir bezeugen, was wir wissen." Dieses Zeugnis finden wir in dem Grund, der von sinnlichen Bildern frei ist. Gewiss ist: In diesem Grund erweckt der himmlische Vater seinen eingeborenen Sohn – hunderttausend Mal schneller, als für unser Begriffsvermögen ein Augenblick dauert, von der Ewigkeit aus gesehen – immer wieder vollkommen als eine unsagbare Spiegelung seiner selbst. Wer das erfahren will, muss in sein Inneres einkehren und sich von den Aktivitäten seiner äußeren und inneren Vermögen lösen, auch von allen Bildern, also von allem, was je von außen in ihn herein gekommen ist. Er muss im Grund versinken und mit ihm verschmelzen. Dort wirkt die Macht des Vaters. Er ruft den Menschen zu sich durch seinen eingeborenen Sohn. So wie der Sohn aus dem Vater geboren wird und zurückkehrt in den Vater, so wird der Mensch geboren in dem Sohn des Vaters und kehrt mit dem Sohn in den Vater zurück, um mit ihm eins zu werden. Davon spricht der Herr, wenn er zu uns sagt: „Du wirst alsdann mich nennen: lieber Vater." (Jer. 3/19) Und er mahnt uns, nicht aufzuhören, nach seinem Niveau zu streben. „Du bist mein Sohn, heute habe ich dich gezeugt." (Psalm 2/7) Dann ergießt sich der Heilige Geist in uns in unaussprechlicher Liebe und alles übertreffender Freude: Er durchströmt den Urgrund des Menschen mit seinen lieblichen Gaben. Und das ist die wahre Bestätigung: „Derselbe gibt Zeugnis unserem Geist, dass wir Gottes Kinder sind." (1. Röm. 8/16) Und so entdecken wir die wirkliche Bestätigung in uns selbst.

Wenn ihr nun soweit kommen wollt, dass ihr die heilige Dreifaltigkeit in eurem Seelengrund betrachten könnt, dann müsst ihr auf drei Punkte achten. Der erste ist: Habt lauter und nur Gott vor Augen, sucht in allen Dingen die Ehre Gottes und nicht die eure. Der zweite ist: Blickt bei all eurem Tun und Lassen fleißig auf euch selbst. Erwägt immer wieder euer absolutes „Nichts"-Sein und achtet auf das, womit ihr beschäftigt seid und was in euch ist. Der dritte Punkt ist: Verschwendet keine Aufmerksamkeit auf das, was sich außerhalb von euch befindet und nicht für euch bestimmt ist. Kümmert euch nicht darum, und lasst die Dinge ruhen. Lasst, was gut ist, gut sein, versucht nicht, das Falsche zu verbessern und verschwendet keine Gedanken daran. Kehrt in den Grund ein und bleibt dort. Nehmt die Stimme des Vaters wahr, der euch ruft. Die Stimme ruft euch zu sich, zu sich hinein. Sie bereichert euch, so dass ihr, wenn es nötig ist, die Fragen aller Priester und Kirchen zusammen beantworten könnt. Mit einer so klaren Einsicht wird der von Gott ergriffene Mensch beschenkt und erleuchtet.

Und solltet ihr alles vergessen, was hier gesagt wurde, dann müsst ihr doch die folgenden beiden Punkte behalten, um inneres Leben zu erreichen. Erstens: Seid „klein", vollkommen, innen und außen, bis in den Grund; und nicht nur in euren Worten und eurem Verhalten, sondern wirklich im gesamten Denken. Seid „nichts" in eurem Seelengrund und in euren eigenen Augen, ohne auch nur eine beschönigende Ausflucht. Zweitens: Besitzt echte Liebe zu Gott, nicht das, was ihr auf Grund eurer Sinne „Liebe" nennt, sondern eine wesentliche, innige Liebe zu Gott. Diese Liebe ist kein äußeres und sinnesorganisches Lieben, was man gewöhnlich als „in Gott verliebt sein" bezeichnen könnte, sondern ein klares Lieben mit dem Herzen. Es ist eine ausgerichtete Liebe, so wie ein Läufer oder Schütze ein Ziel vor Augen hat. (Zusammenfassung aus Predigt 29)

Der mystische Körper
So lebt der nach innen gewandte, erleuchtete Mensch: Seine Freude liegt im Inneren. Mit dem Licht seines Verstandes überblickt er schnell die äußeren Kräfte und instruiert sie über ihre Wirksamkeit. Er ist in das Inwendige versunken und zu einer glückseligen Anhänglichkeit an Gott zusammengeschmolzen, während er in seiner Freiheit und seiner Wirksamkeit unbehindert bleibt. Aber all seine äußerlichen Beschäftigungen dienen dem Inneren, so dass es keine einzige Arbeit gibt, wie klein sie auch sein mag, die nicht dazu dienen sollte. So können alle wechselnden Wirksamkeiten eines solchen Menschen als gute Werke bezeichnet werden.
Die wirkliche Kirche ist ein mystischer Körper, dessen Haupt Christus ist. Dieser Körper besitzt viele Gliedmaßen. Eins davon ist das Auge: Es sieht den ganzen Körper, aber nicht sich selbst! Ein anderes Glied ist der Mund: Er isst und trinkt für den Körper und nicht für sich selbst. So ist es auch mit der Hand bestellt, mit dem Fuß und den vielen anderen Gliedmaßen mit ihrem eigenen Charakter. Jedes Glied hat

eine spezielle Aufgabe, und alle Glieder sind Teile des Körpers unter dem Haupt.

In diesem mystischen Körper muss eine ebenso große Eintracht herrschen, wie wir sie unter unseren eigenen Gliedmaßen feststellen können. Kein Glied darf handeln, als wäre es allein, und so den anderen Gliedmaßen Schmerz und Kummer zufügen. Es muss sie alle mindestens so hoch schätzen wie sich selbst. Alle Glieder müssen für das eine Glied sein und das eine Glied für alle. Und wenn wir im mystischen Körper ein Glied als edler als wir selbst erkennen, dann müssen wir es höher achten als uns selbst. So wie der Arm oder die Hand eher das Herz oder die Augen beschirmt als sich selbst, so muss auch unter Gottes Gliedern eine spontan reagierende Liebe herrschen. Wir müssen umso froher über jeden Nächsten sein und ihn mit Wohlwollen und Liebe schätzen, je mehr er dem edlen Haupt, Christus, wert und lieb ist.

Alles, was unser Herr dem Nächsten schenken will, muss ich sehen, als ob es für mich wäre. Und hielte ich mehr von diesem Nächsten als er von sich selbst, dann wäre es auch mehr von mir als von ihm. Das Böse, das er besitzt, bleibt ihm, das Gute, das ich in ihm liebe, gehört auch mir.

Eine derartige Gemeinschaft gehört zu dem geistigen Körper. So kann ich all das Gute besitzen, das im Himmel, auf Erden, in allen Gottesfreunden und im Haupt des mystischen Körpers ist. Wirklich und wesentlich kann mir alles zufließen, was das Haupt mit allen Gliedern im Himmel und auf Erden besitzt. Wenn ich nur nach Gottes Willen unter dem edlen Haupt in Liebe wachse, so wie auch alle anderen Glieder dieses geistigen Körpers und ich ganz darin aufgehen, dann werde ich darin aufgenommen und meinem eigenen Selbst enthoben. Seht, dann zeigt sich wirklich deutlich, ob wir Gott und seinen Willen lieben oder uns selbst und das Unsere – mehr oder

weniger. Oft ist das, was wie Gold glänzt, im Grunde – für sich selbst betrachtet – nicht einmal so viel wert wie Kupfer. Jene jedoch, die ohne Zurückgezogenheit von allem abgesehen haben, was das ihre ist, sind die wahren Armen an Geist, auch wenn sie über alle Dinge in dieser Welt verfügen könnten. Eine nicht nachlassende Liebe, froh sein mit anderen und Mitleid haben mit anderen, ist etwas sehr Seltenes überall in der Welt.
(Zusammenfassung aus Predigt 40)

Transmutation durch die heilige Speise
Der Herr sagt: „... so wird auch der, welcher mich isst, um meinetwillen leben." (Joh. 6/57). Um zu erreichen, dass ihr durch ihn lebt, ist nichts mehr geeignet als das Empfangen reiner Kräfte. Denn dadurch werdet ihr völlig frei von euch selbst, und zwar in einem solchen Ausmaß, dass der alte Mensch in euch vernichtet wird, innerlich und äußerlich. So wie die Nahrung, die ein Mensch zu sich nimmt, seine Natur verändert, sie gleichsam auflöst durch die Kraft, die sie durch seine Adern strömen lässt, so dass sie zu einem Leben und einem Wesen in diesem Menschen wird, so befreit auch die himmlische Speise euch ganz von euch selbst. Daran könnt ihr erkennen, wie ihr die Speise aufgenommen habt: Euer Herz wird sich noch mehr von allem, was nicht Gott ist, befreit haben. Das Leben, das er in euch erweckt hat, wird über eure Adern auf euren äußeren Menschen einwirken, auf eure Sinnesorgane und euer Verhalten, auf euren Handel und Wandel, auf eure Worte und Taten. Diese reinen Kräfte verzehren all das Schlechte, Nutzlose und Übermäßige in euch. Sie lösen es auf und führen es ab.
Gott kommt dann in den Menschen hinein. Und sobald er mit dieser Speise in den Menschen gelangt ist, zeigt er sich in dessen Lebensäußerungen als Liebe, Gesinnung, Gedanken, und zwar so, dass alles

erneuert, reiner und göttlicher wird. Diese Speise überwindet die Verblendung. Sie lässt den Menschen sich selbst erkennen und lehrt ihn, sich von sich selbst und allen Geschöpfen abzuwenden. Denn es heißt: „Er wird ihn nähren mit dem Brot des Lebens und der Einsicht." Wenn der Mensch sich durch diese Speise leiten und verändern lässt, formt sie ihn so sehr um zu dem, was sie selbst ist, dass sein gesamtes Leben von Gott geregelt wird und seinen Stempel trägt. Wenn jemand diese Veränderung nicht in sich erfährt, sein Herz leer bleibt, sein äußeres Verhalten weiterhin nur Gelächter und Geschwätz ist, dann zeigt sich das in seiner ganzen Lebenshaltung: in seiner Kleidung, seinen Witzen, seinen dummen Vergnügungen und in der Verdorbenheit seines Herzens. Kurz gesagt, wenn er das erkennt, es nicht anders will und sich so dem heiligen Sakrament nähert, dann ist das sehr bedenklich. Der Herr speit solche Menschen aus, so wie jemand sein Essen ausbricht. Für diesen Menschen wäre es tausend Mal besser, wenn er die heiligen Speisen nicht empfangen würde. Denn es fehlt ihm der Wille, sich in Zukunft davor zu schützen oder zu bereuen. Und so gehen solche Menschen unbekümmert mit den anderen zur heiligen Tafel!

Ich habe entdeckt, warum Menschen, die etwas von Gott erfahren wollen, doch wenig von der Wirkung dieser reinen Nahrung bemerken und daher lau oder kalt bleiben. Das hat zwei Ursachen: Die erste ist ein verborgener Mangel dieser Menschen, der sie innerlich oder äußerlich behindert. Vielleicht halten sie ihre Zunge nicht im Zaum. Der tödliche Schaden, der dadurch entsteht, ist gewöhnlich nicht abzuschätzen! Erkennt das um Gottes willen, sonst werdet ihr es niemals zu etwas bringen. Die zweite Ursache ist, dass solche Menschen aus Gewohnheit zur Tafel des Herrn gehen und nicht wirklich aus Liebe.

Das heißt nicht, dass es keine guten Gewohnheiten

gibt wie zum Beispiel eure innere Einkehr und das darin Verweilen. Es wäre sehr schädlich, wenn wir nicht in uns selbst blieben und dafür sorgten, dass die heiligen Speisen Früchte tragen. Das heilige Mahl könnte noch bis zum dritten und vierten Tag weiter wirken, wenn wir nur darauf achten würden, in unserem Inneren zu bleiben. Wenn sich unser Herz nicht in vollkommener Einkehr nach innen richtet, kann die Frucht, die diese Speise hervorbringt, nicht darin bleiben. Und doch sollte und müsste es so sein überall und unter allen Umständen, bei allem, was wir tun. Das gilt auch allen Menschen gegenüber, mit denen wir in Berührung kommen, denn das ist nötig oder nützlich, sollte es auch nur wenig möglich sein. Es ist wirklich so: Wenn ihr innerlich eingekehrt bleibt, dann kann die Speise auf euren Körper einwirken und durch euch auf andere. Wenn das wahre Einkehr ist und Liebe zu Gott, dann trägt das viel Frucht.

Mögen wir die heiligen Speisen so empfangen, dass wir durch sie umgeformt werden, dazu helfe uns Gott.

(Zusammenfassung aus Predigt 30)

Ach milter herre, hilff mir, dz ich tûyge dz ich sol,
man tûyg mir übel oder wol.
Der mir flûch und mich schelt,
dz ich im es mit gutem vergelt;
der mir zorn und tobe,
dz ich im nîge in lobe.
Hilff mir alles min liden also tragen,
dz du mir sin wellest danke sagen
hie uff erden und in dem hîmelrich
mit dînen frûnden iemer ewiklich. Amen.

Gebet
Ach, milder Herr, hilf mir ertragen, was ich soll,
ob man mir übel tut oder wohl.
Wer mir flucht und will mich schelten,
dem will ich es mit Gutem vergelten;
und wenn er mir zürnt und tobt,
will ich mich neigen, dass du seist gelobt.
Hilf mir, all mein Leid so zu tragen,
dass du mir wollest danke sagen
hier auf Erden und im Himmelreich
mit deinen Freunden in Ewigkeit. Amen.

Quellen:
Die Einleitung basiert größtenteils auf den Werken von Wilhelm Preger, *Geschichte der deutschen Mystik im Mittelalter*, Leipzig 1893, Teil III;
The Inner Way, von Arthur Wollaston, London 1909, zweiter Druck. Wollaston folgt in seiner Einleitung praktisch ganz dem Werk Pregers.
Einzelne Zitate stammen aus einer Geschichte von Ludwig Tieck (1773-1853) über Tauler.

Weitere Literatur:
Johannes Tauler, *Predigten*, übertragen und herausgegeben von Georg Hofmann, mit einer Einleitung von Alois M. Haas, 2 Teile, Einsiedeln 1987.
Johannes Tauler, *Predigten*, übertragen und eingeleitet von Walter Lehmann, 2 Bände, Jena 1923.
Die Predigten aus der Engelberger und der Freiburger Handschrift sowie aus Schmidts Abschriften der ehemaligen Straßburger Handschriften, Ferdinand Vetter (Hrsg.), Berlin 1910.
Louise Gnädinger, *Johannes Tauler. Lebenswelt und mystische Lehre*, München 1993.

Ein Teil der Einleitung zu dieser Blütenlese *Taulers Weg nach innen* ist dem Hauptkapitel Het lied van de Godsfrienden: Meister Eckhart und Johannes Tauler entnommen, aus: *Als een bovenaardse rivier. De verborgen stuw van de Gnosis in Europa*, Haarlem 2000, Neuauflage 2005 unter dem Titel *Gnosis, Stöme des Lichtes in Europa*.

Für die Auswahl aus den Predigten wurde konsultiert:
Heinrich Seuse, *Het boek van de waarheid*, und zwar:
Johannes Tauler, *Preken*, übersetzt von C. O. Jellema, Groningen/NL 2004;
Johannes Tauler, *Predigten*, Band 1 und 2, herausgegeben von G. Hofmann und A. M. Haas, Einsiedeln/Trier 1987.